# आठ
# आध्यात्मिक
### श्वसन क्रियाएँ

आपका जीवन परिवर्तन कर देनेवाली
श्वसन क्रिया एवं समर्थन वाक्य

यह पाठ्यपुस्तिका स्वामी के. एस. रामनाथन् द्वारा लिखित
"ब्रम्हविद्या – योग और दर्शनशास्त्र की प्राचीन प्रणाली" एवं
जस्टिस एम. एल. दुधात के व्याख्यानों पर आधारित है।

## संतोष सचदेवा
#### हिन्दी अनुवाद :- शुभदा वैद

YogiImpressions®

## ♨
## YogiImpressions®

THE EIGHT SPIRITUAL BREATHS
(in Hindi)

**Yogi Impressions Books Pvt. Ltd.**
1711, Centre 1, World Trade Centre,
Cuffe Parade, Mumbai 400 005, India.
Website: www.yogiimpressions.com

First English Edition, March 2012
First Hindi Edition, December 2014

Text and Illustrations copyright
© 2010 by Santosh Sachdeva

Cover design: ShivduttS harma

Illustration of exercises: Prabhakar Wairkar

Illustrations from *The Kundalini Trilogy (Conscious Flight Into
The Empyrean*, *Kundalini Diary* and *Kundalini Awakening)*
used with permission from Yogi Impressions

The information contained in this book is not intended
to serve as a replacement for professional medical advice.
Any use of the information in this book is at the reader's
discretion. The author specifically disclaims any implied
warranties of merchantability and fi tness for a particular
purpose and all liability arising directly or indirectly from
the use or application of any information contained in this
book. The author does not recommend the self-management
of health or mental health problems. You should never
disregard medical advice, or delay in seeking it, because of
something you have learned in this book.

ISBN 978-93-82742-25-8

*यह पुस्तक पवित्र पथ पर यात्रा करने इच्छुक सभी साधकों की प्रदिपीका की भाँति मार्गदर्शन करते हेतु एवं मेरे बच्चों शिबानी, निक्की एवं गौतम के लिये है।*

असंख्यजन्मों के संचित कर्मों द्वारा रचित
बंधन का दाह करने वाले आत्मज्ञान को मुझे
प्रदान करनेवाले महान गुरु का मैं वंदन करता हूँ।

– गुरु स्तोत्रम

**स्वामी के. एस. रामनाथन्**

31.7.1922 – 19.3.2004

स्वामी के. एस. रामनाथन् का जन्म केरल की सांस्कृतिक राजधानी त्रिचुर में हुआ था। उन्होंने 1985 में मुंबई में 'ब्रम्हविद्या मिशन' की स्थापना की। ब्रम्हविद्या ब्रम्ह या ब्रम्हांड का ज्ञान है। इस ज्ञान का मर्म एत्रेय उपनिषद में संहित है। ब्रम्हविद्या द्वारा साधकों को प्रदान किये गये ज्ञान के प्रकाश में सभी शंकाओं और भ्राँतियो का समाधान हो जाता है। इससे शाश्वत आनंद एवं चिरस्थायी शाँति की प्राप्ति होती है। ऐसे कई शिष्य जिन्होनें उनसे ब्रम्हविद्या का ज्ञान प्राप्त किया और सरल योग क्रियाओं के अभ्यास द्वारा अंर्तज्ञान की प्राप्ति की, आज ब्रम्हविद्या का प्रकाश अपने अनुयायियों में फैला रहे हैं।

## जस्टिस एम. एल. दुधात
### 11.3.1935 – 22.9.2006

जस्टिस एम. एल. दुधात का जन्म अहमदनगर में हुआ और उन्होंने अपनी विश्वविद्यालय की शिक्षा मुंबई में पूर्ण की। 1961 में उन्होंने बंबई उच्च न्यायालय में वकालत प्रारंभ की। 1979 में स्वामी रामनाथन् से मिलने पर उन्होंने उनके अंतर्गत तीन वर्ष तक ब्रम्हविद्या पाठ्यक्रम का अभ्यास किया। 1985 में जस्टिस दुधात ने मुंबई में विभिन्न स्थानों पर ब्रम्हविद्या के पाठ्यक्रम की शुरुआत कर उसके ज्ञान का प्रचार आरंभ किया। उन्होंने गृहस्थ गुरुओं की लंबी परंपरा का अनुसरण किया, ऐसे गुरु जिन्होनें पारिवारिक एवं व्यवसायिक उत्तरदायित्व निभाते हुए आध्यात्मिक सेवा का भार भी वहन किया।

# अनुक्रमणिका

*आभार* ... xiii

*प्रस्तावना* ... xv

चाय की छलकती प्याली ... xvii

ब्रम्हविद्या का उद्भव ... xix

आध्यात्मिक अभ्यास की परंपरायें ... xxi

1

चक्र – ऊर्जा परिवर्तक ... 1

2

कुंडलिनी शक्ति ... 6

3

जागृत कुंडलिनी के लक्षण ... 13

4

मन का सशक्तिकरण ... 16

5

प्राण और प्राणायाम ... 23

6

प्राणायाम – श्वसन क्रियाओं की तैयारी ... 31

**7**

श्वसन क्रिया ... 35

**8**

समर्थन वाक्य ... 40

**9**

स्मृतिवर्धक श्वसन क्रिया ... 43

**10**

उत्साहवर्धक श्वसन क्रिया ... 55

**11**

प्रेरणादायक श्वसन क्रिया ... 65

**12**

शारीरिक पूर्णत्व श्वसन क्रिया ... 73

**13**

चुंबकीय श्वसन क्रिया ... 79

**14**

शुद्धिकरण श्वसन क्रिया ... 89

**15**

तारुण्यवर्धक श्वसन क्रिया ... 99

**16**

आपकी अपनी आध्यात्मिक श्वसन क्रिया ... 107

**17**

श्वसन क्रियाओं द्वारा प्राप्त ज्ञान ... 112

18

सशक्त शरीर में निरोगी मन ... 117

19

विचारों के विविध प्रकार ... 121

20

ऊर्जा में अवरोध और अस्वस्थता ... 125

21

ध्यान के पूर्व की तैयारी ... 127

22

ध्यान ... 133

23

ध्यान के सकारात्मक एवं नकारात्मक समर्थन वाक्य ... 136

24

जागरण ... 140

शब्दार्थ... 143
अक्सर पूछे जाने वाले प्रश्न ... 145

# आभार

सर्वप्रथम मैं अपने कुलगुरु स्वामी मोहनगिरीजी को प्रणाम करती हूँ। इस धरती पर आज न होते हुए भी वे मेरी आध्यात्मिक प्रगति का सतत् निरीक्षण कर रहे हैं। बचपन में ही मेरे अंदर आध्यात्मिक विकास की क्षमता को पहचान कर उन्होंने मुझे एक 'शिव मंत्र' की दीक्षा दी।

'ब्रम्हविद्या मिशन' के संस्थापक स्वर्गीय स्वामी रामनाथन्जी की मैं आभारी हूँ कि उन्होंने अपने द्वारा दिये गये ज्ञान को ग्रहण करने हेतु मुझे एक पात्र विद्यार्थीनी के रुप में चुना।

मुझे आध्यात्मिक मार्ग दिखाने के लिये, धैर्यपूर्वक इस राह पर मुझे निरंतर सहारा और मार्गदर्शन प्रदान करने के लिए, मेरे जीवन को शाँति, आनंद और संपन्नता से परिपूर्ण करने के लिये और मेरी व मेरे बच्चों की सर्जनशीलता जागृत करने के लिये, मैं प्रेम और आदरपूर्वक स्वर्गीय गुरु जस्टिस दुधातजी को वंदन करती हूँ।

श्री सी. एस. स्वामीनाथन्जी 'ब्रम्हविद्या मिशन' के अध्यक्ष की मैं आभारी हूँ क्योंकि उन्होंने मुझे ब्रम्हविद्या का विकसित (advance) अभ्यासक्रम पूर्ण करने की प्रेरणा दी।

मेरे जीवन में सही समय पर आकर इस पुस्तक के लिये सही मार्ग चुनने में मेरी सहायता करने के लिये अपनी मित्र मीरा को मैं धन्यवाद देती हूँ। तुम्हारी मित्रता को मैं संजो कर रखूंगी।

मि. रोहित आर्य ने अपने ज्ञान के अपार भंडार को मेरे साथ बाँटा, इसके लिये मैं आभारी हूँ।

मेरे भ्राता 'शिव' जो मेरी प्रत्येक पुस्तक के लेखन को बारंबार कष्टपूर्वक जांचते हैं, उनको मैं धन्यवाद देती हूँ।

मेरे पुत्र गौतम जिसने मेरी पुस्तक पर पूर्ण विश्वास किया और मुझे अपने द्वारा प्राप्त ज्ञान की और भी गहराई तक जाने के लिये प्रोत्साहित किया ताकि वह सभी साधकों के लिये एक अर्थपूर्ण प्रदीपिका बन सके।

शिबानी व निक्की मेरी दोनों पुत्रियाँ जिन्होंने मुझपर दृढ़ विश्वास रख वर्षों से मुझे नैतिक समर्थन दिया है।

श्री. प्रभाकर वाईरकर को, जिन्होंने आठ श्वसन क्रियाओं की मुद्राओं का बड़ी दक्षता से रेखांकन और चित्रण किया, मैं धन्यवाद देती हूँ।

श्री गिरीश जठार और श्री. संजय मालंडकर ने काफ़ी मेहनत से D. T. P. का कार्य कर इस पुस्तक को मूर्त स्वरुप दिया।

इस पुस्तक का मराठी अनुवाद करने के लिए श्री. दीक्षित को मैं धन्यवाद देती हूँ।

इस पुस्तक का हिन्दी अनुवाद आरंभ करने के लिए श्रीमती बिन्दु जवेरी को मैं धन्यवाद देती हूँ।

मेरी शिष्या शुभदा वैद को इस पुस्तक का हिन्दी में अनुवाद करने के लिए मेरे अनेक आशीष।

हिन्दी की प्रतिलिपि तैयार करने के लिए श्रीमती विमला रुंगटा का धन्यवाद।

अंतत: मैं उन सभी के प्रति प्रेम पूर्वक कृतज्ञता व्यक्त करती हूँ जो वर्षों से अपने प्रेमपूर्ण व्यवहार और मित्रता द्वारा मेरे विकास में साझीदार बने।

# प्रस्तावना

कुछ समय पहले तक ब्रम्हविद्या को आत्मविकास के पाठ्यक्रम की भाँति सिखाया जा रहा था। इसकी संरचना साधक को अपनी अनंत अंर्तनिहित क्षमता प्राप्त कराने के लिये की गई थी। इसका आशय स्वंय के भीतर एक सकारात्मक वांछनीय परिवर्तन लाना था। ऐसा परिवर्तन जो उत्कृष्ट ज्ञान की प्राप्ति कराये और व्यक्ति को शाँति, ज्ञान और करुणा से भर दे, जिससे मानव समाज में परिवर्तन हो और एक बेहतर दुनिया की स्थापना हो।

मेरे खुद के अनुभव से स्पष्ट पता चला है कि मानवजाति इंद्रियों की समझ या आभास से परे है। इस पाठ्यक्रम के माध्यम से आपको स्वयं इस तथ्य का अनुभव व ज्ञान दिया जाता है कि अहंकार आपका असली अस्तित्व नहीं है। बल्कि आपका असली अस्तित्व वह सच्चाई है जो कभी बदलती नहीं है और जो समय या स्थान से बाध्य नहीं है। वह अमर है, वह सर्व विद्यमान है। वह हमेशा से थी, है और हमेशा रहेगी। क्योंकि आपका असली अस्तित्व समय व स्थान के दायरे से बाहर है, उसे इंद्रियों या मन द्वारा नहीं समझा जा सकता। उसका केवल अनुभव किया जा सकता है।

मानव जागरुकता अब चेतना के नये आयामों को हासिल करने में सफलता प्राप्त कर रही है। चूँकि ब्रम्हविद्या क्रमविकास का विज्ञान है, विकसित होती चेतना के साथ उसका तालमेल मिलाकर रखने के लिये पहुँचे हुए सिद्ध योगियों को थोड़े थोड़े समय के अंतराल पर शिक्षाप्रणाली के रहस्योघाटन के लिये भेजा जाता है।

ऋषि मुनियों ने कहा है कि वह व्यक्ति जो स्वयं के स्वतंत्र व्यक्तिगत विचारों के बिना परंपराओं को मान लेता है वह मानव विकास में किसी प्रकार का भी योगदान नहीं करता है। वह, जो भूतकाल की सभी परंपराओं का मूल्यांकन कर और उनमें स्वयं के अनुभवों को जोड़कर फिर उन्हें स्वीकार करता है,

वही मानवता के उच्चतम विकास में एक महत्वपूर्ण भाग अदा करता है।

जस्टिस एम. एल. दुधात के मार्गदर्शन में मूलभूत ब्रम्हविद्या पाठ्यक्रम ने नये आयामों को प्राप्त किया है। वह एक ऐसे पाठ्यक्रम में विकसित हो गया है जो समझ बूझ कर चैतन्यपूर्वक अभ्यास करने पर साधक को अस्तित्व के सूक्ष्म स्तरों से अवगत कराता है।

श्वसन क्रियाओं की रचना, चक्रों को जागृत करने हेतु की गई है, जो कि व्यक्ति विशेष की योजनाबद्ध तरीके से कुंडलिनी की अधोगामी एवं उर्ध्वगामी ऊर्जा प्राप्त करने में सहायता करेगी। यह साधक को अनुभव की उस अवस्था तक पहुँचाने में सक्षम करेगी जहाँ पर सूक्ष्म आयामों से सूक्ष्म स्तर का ज्ञान प्राप्त होगा।

# चाय की छलकती प्याली

एक आध्यात्मिक साधक जो उत्सुकता पूर्वक निर्वाण की खोज में था और जिसने कई वर्ष साधना और ज्ञान प्राप्ति में बिताये थे, उसे महसूस हुआ कि अब वह अंतिम चरण के लिये तैयार है। इसलिये, वह ऐसे गुरु की खोज में निकल पड़ा जो उसे निर्वाण दिला सके। सभीने उसे बताया कि, एक विशेष पहाड़ की चोटी पर एक प्रबुद्ध गुरु रहते हैं जो अपने शिष्यों और भक्तों को निर्वाण दिला सकते हैं। साधक कई दिनों तक पैदल यात्रा करते हुये पहाड़ की चोटी पर रहते हुये गुरु की गुफा तक पहुँचा। वहाँ पर, वह गुरु के चरणों में गिर पड़ा और उसने निर्वाण प्राप्त करने की तीव्र इच्छा जाहिर की। साधक ने इसके पश्चात गुरु को उन सभी साधनाओं के बारे में बताया जो उसने की थी, जो उसने सीखी थी, जिनका उसने अनुभव किया था और जो उसके अनुसार अभी तक उसे प्राप्त करनी बाकी थी।

गुरु ने शाँति से उसकी सारी बातें सुनी। जब साधक का स्वयं के आध्यात्मिक अनुभवों का किस्सा खत्म हो गया तब गुरु ने कहा ''एक प्याली चाय पीतें हैं।'' साधक हैरान रह गया, ''एक प्याली चाय?'' वह चिल्लाया, ''मैंने वर्षों तक साधना की, अभ्यास किया, महिनों ढूँढ़ता रहा और कितने हफ्तों तक पैदल चल कर आप तक पहुँचा हूँ ताकि आप मुझे अंतत: निर्वाण दे सकें। मुझे एक प्याली चाय नहीं चाहिये। मुझे मोक्ष चाहिये।''

किन्तु गुरु ने शाँतिपूर्वक इस बात पर जोर दिया कि मेहमान पहले एक प्याली चाय पीये। गुरु ने जमीन पर साधक की बगल में एक प्याली रखी और केतली में से गरम चाय उस प्याली में डालने लगे। जब चाय की प्याली ऊपर तक भर गई तब भी गुरु रुके नहीं। अपितु वे फिर भी उसमें चाय डालते रहे। परिणाम स्वरुप चाय प्याली से बाहर निकल

कर तश्तरी में और फिर तश्तरी से बाहर निकल कर गुफा की जमीन पर बहने लगी।

"रुको" साधक चिल्लाया। ''प्याली भर गई है। उसमें अब और चाय नहीं समा सकती। कृपया चाय डालना बंद करें। वह जमीन पर व्यर्थ जा रही है।''

गुरु बैठ गये और उन्होंने साधक को कहा "तुम इस चाय की प्याली की भाँति हो। तुम स्वयं के ज्ञान से इतना भरे हुये हो, जो तुम सोचते हो, जो तुमने देखा है और जिसकी तुम सोचते हो कि तुम्हें आवश्यकता है कि मेरे लिये तुम्हें कुछ भी सिखाने की कोई गुंजाइश ही नहीं है। जब तक तुम स्वयं को इस अहंकार से और इस भ्रांति से मुक्त नहीं करोगे, मेरी शिक्षा इस जमीन पर गिरी चाय की ही भाँति व्यर्थ जायेगी।"

# ब्रम्हविद्या का उद्भव

समय के प्रवाह में आध्यात्मिक श्वसन क्रियाओं की प्राचीन विद्या का उद्गम खो चुका है। इससे संबंधित जो भी जानकारी हमें प्राप्त है उसकी अवधि भी कम से कम 1,000 वर्ष पुरानी है।

उस समय नालंदा विश्वविद्यालय जगत प्रसिद्ध बौद्धिक शिक्षा का केंद्र था और पद्मसंभव (730 ए.डी. – 805 ए.डी.) एक महान तांत्रिक व योगी, योग और दर्शनशास्त्र विभाग के प्रमुख थे। किंवदंतियों में से एक के अनुसार, उन्होनें विदेशी आक्रमणकारियों के द्वारा नालंदा का ध्वंस पहले से ही भांप लिया था। इसलिये अपने कुछ चुने हुए छात्रों के साथ वे तिब्बत में जाकर बस गये। उनकी इस पवित्र विद्या का गुप्तज्ञान पीढ़ी दर पीढ़ी केवल उनके चुनिंदा शिष्यों को दिया जाता था। इस विद्या का एक महत्वपूर्ण हिस्सा था वे शक्तिशाली श्वसन क्रियायें जिसकी रचना मानव को अपनी सर्वश्रेष्ठ कार्यक्षमता हासिल करने में मदद करने के लिये की गई थी। इन श्वसन क्रियाओं में तिब्बत के मठ में पढ़ते हुये पश्चिम के एक साधक ने महारत हासिल की। कुछ समय उपरांत वह अपने देश लौट गये और वहाँ जाकर उन्होंने इन श्वसन क्रियाओं के आधार पर एक पाठ्यक्रम की रचना की। इसे वह अपने छात्रों को एवं आध्यात्मिक साधकों को पत्रव्यवहार पाठ्यक्रम के जरिये सिखाने लगे।

मुम्बई में के. एस. रामनाथन् ने इस पत्रव्यवहार पाठ्यक्रम को पूर्ण किया और इसे यहाँ सिखाने की अनुमति प्राप्त की। उन्होंने इसे 'ब्रम्हविद्या के आरंभिक सामूहिक अभ्यास' का नाम दिया और 'ब्रम्हविद्या संस्थान' की स्थापना की। यह पाठ्यक्रम मुम्बई में व्याख्यान के द्वारा और पत्र व्यवहार पाठ्यक्रम के द्वारा भी ज्ञान प्राप्त करने आतुर सभी लोगों को प्रदान किया जाने लगा।

ब्रम्हविद्या पाठ्यक्रम की रचना आठ श्वसन क्रियाओं एवं उनसे संबधित समर्थन वाक्यों से की गई है। वह प्राणायाम से आरंभ और ध्यान से पूर्ण होती है। रामनाथन्‌जी के शब्दों में,''इसकी रचना 'जीवन क्या है ' उसका उद्‌भव कहाँ से हुआ, और उसकी निरंतरता क्या है – क्या है जो इन सबका कारण है'' इसका ज्ञान पाने के लिए की गई है। श्री रामनाथन्‌जी के शिष्यों मे से एक शिष्य जस्टिस श्री. एम. एल. दुधात ने तीन वर्ष तक इसकी शिक्षा प्राप्त कर साधना की, और फिर मुंबई में 1985 से स्वतंत्र रुप से विभिन्न जगहों पर इस पाठ्यक्रम को सिखाना आरंभ कर दिया।

मैंने उनके तहत् इस पाठ्यक्रम का अध्ययन किया। इसका अभ्यास करते हुये मुझे स्वयं की जो समझ एवं जागृति प्राप्त हुई और दृष्टिय ज्ञान के रुप में मैंने जो कुछ भी देखा उसका वर्णन 'द कुंडलिनी ट्रिलोजी' नामक पुस्तक के तीन भागों में दैनिक प्रविष्टियों के रुप में किया गया है। परम सत्य को पाने के लिये श्वसन क्रियाओं के अभ्यास के दौरान मनुष्य के शरीर एवं मन में क्या परिवर्तन आते हैं इसका चित्रण 'द ट्रिलोजी' में किया गया है।

हम कौन है और किस तरह अपने जीवन की राह चुनने के लिये हम जिम्मेदार हैं, इस बारे में मुझे एक स्पष्ट और गहरी समझ प्रदान करनेवाली ऐसी कई आकृतियाँ इसमें शामिल है जिन्हें मैंने ध्यान के दौरान देखा था।

अनुसंधानों से हमें पता चलता है कि हमारी क्षमता का पाँच प्रतिशत से ज्यादा उपयोग हम शायद ही कभी करते हैं। इस पाठ्यक्रम के अभ्यास के द्वारा आप आरोग्य, स्फूर्ति, सुखशाँति और रचनात्मक क्षमता में वृद्धि पा सकते हैं। इस तरह प्राप्त शांत एवं संयमित अवस्था आपकी महत्वाकांक्षाओं को सरल तरीके से पूरा करने में आपकी मदद करती है। इस अभ्यासक्रम की संरचना इस दृष्टिकोण से की गई है कि अपने जीवन के सभी पहलूओं पर आप अपना वर्चस्व कायम कर सकें।

अभ्यासक्रम में निहित है:

1. प्राणायाम
2. आठ श्वसन क्रियाएँ
3. समर्थन वाक्य
4. ध्यान

# आध्यात्मिक अभ्यास की परंपरायें

प्राचीन समय में दर्शनशास्त्र एवं गूढ़विद्या सिखाने के लिये उस वक्त की परिस्थिति और मनुष्य की मानसिकता के आधार पर उसके अनुरुप शिक्षा प्रणाली तैयार की गई थी। इसके अंतर्गत साधक को शारीरिक, मानसिक व भावनात्मक वृत्तियों में संतुलन स्थापित कर साधना में प्रगति करने में कई साल लगते थे। साधकों को दैनिक जीवन त्याग कर दूर आश्रम में गुरु की शरण में जाकर समर्पित भावना से अनुशासनपूर्वक यह शिक्षा प्राप्त करनी पड़ती थी। अब यह परिस्थिति बदल गई है और जो ज्ञान पहले केवल कुछ गिनेचुने विशेष लोगों को उपलब्ध था वह अब हमारी चेतना में तेजी से विकास होने के कारण सर्वसामान्य जनता को दिया जा रहा है। जो ज्ञान पहले गुप्त एवं संरक्षित रखा जा रहा था वह साधकों की बड़ी संख्या में मदद करने हेतु, अनेक मार्गों और पद्धतियों द्वारा बाँटा जा रहा है। मुझे मिले इस ज्ञान का अनुभव मैंने दैनिकी के रुप में लिखकर 'द कुंडलिनी ट्रिलोजी' इस पुस्तक में संहित किया है। यह मानव शरीर, मन और बुद्धि को परिवर्तित करने की प्रक्रिया में कुंडलिनी की गतिविधि को अंकित करती है। अगर कोई साधक पूर्ण श्रद्धाभाव से समर्पण करता है तो ब्रम्हांड की शक्ति एक गुरु की भाँति उस साधक का मार्गदर्शन करती है।

ओशो कहते हैं कि 'गुरु' कोई व्यक्ति नहीं बल्कि एक तत्व है। यह तत्व निमित्त बन कर कार्य करता है। उसके अस्तित्व मात्र से सबकुछ घटता है। वास्तविकता में यह साधक पर निर्भर करता है। अगर साधक की तीव्र इच्छा हुई तो उसके आसपास की परिस्थितियों से भी उसे आध्यात्मिक मार्गदर्शन मिलेगा। अगर उसकी उत्कंठा तीव्र नहीं है तो उसकी प्रगति अपने आप कम हो जाती है। उसकी प्रगति उसकी इच्छा की तीव्रता पर निर्भर करती है।

## आपकी साधना – दैनिक अभ्यास

आपकी दैनिक साधना और अभ्यास आरंभ करने के पूर्व आपको अपने सद्गुरु का आवाह्न करना चाहिये। जिन सद्गुरु से आपने दीक्षा प्राप्त की है उनका स्मरण साधना आरंभ करते वक्त और समाप्त होने पर करना चाहिये। आपको मिले ज्ञान और मार्गदर्शन के लिये उनका आभार प्रकट करने की प्रक्रिया से एक अत्यंत शक्तिशाली ऊर्जा क्षेत्र तैयार होता है और नकारात्मक ऊर्जा सकारात्मक ऊर्जा में परिवर्तित होती है। ऐसी कोई भी परिस्थिति नहीं है जो कि शक्तिशाली आभार प्रदर्शन द्वारा सुधारी न जा सके।

आप इस बात का ध्यान रखें कि प्रारंभ में भले ही आपको इसकी अनुभूति ना हो किंतु आपके अनभिज्ञ होने पर भी आपका मार्गदर्शन किया जा रहा है। विचारों में एक ऊर्जा होती है और सभी विचारों का एक आकार होता है। इसलिये जिस क्षण आप सद्गुरु का स्मरण करते हैं उस क्षण वे प्रकट हो जाते हैं। अगर अभ्यास के दौरान आपको कोई शंका होती है तो थोड़ी देर विश्राँति लें और फिर मार्गदर्शन की याचना करें। आपको सहायता अवश्य प्रदान की जायेगी।

यह मार्गदर्शन किसी भी रुप में हो सकता है। एक पुस्तक के माध्यम से, किसी मित्र से चर्चा के दौरान अथवा अचानक किसी खयाल के रुप में। कोई भी प्रश्न या शंका समाधान के बिना नहीं रहता है। कभी कभी तुरंत तो कभी कुछ समय बाद उत्तर मिलते हैं। अगर आप को किसी भी प्रकार के अनुभव होते हैं तो उनके बारे में सोच सोच कर उनमें ना उलझें। जिस प्रकार विचार आते जाते रहते है उसी प्रकार इन अनुभवों को भी आनेजाने दें क्योंकि वे बारंबार लौट कर नहीं आयेंगें। जैसे आयेंगें वैसे ही जायेंगे। उन अनुभवों में उलझकर रहने से आपकी प्रगति सीमित हो जायेगी।

आपके हाथ में आयी हुई यह पुस्तक एक ऐसे विशिष्ट समय पर आपके पास आई है जब आप अपनी प्रगति की बागडोर संभालने में सक्षम हो चुके हैं। इसी तरह मनुष्य की मानसिक विचार करने की क्षमता एक ऐसे उच्च मुकाम पर पहुँच गई है कि विचारों को तीव्र गति से फलीभूत करने की क्षमता उसमें आ गई है।

साधक से उद्देश्य की स्पष्टता, समर्पण की भावना और दृढ़ निश्चय – इन गुणों की अपेक्षा की जाती है। अगर आप श्रद्धापूर्वक समर्पित भावना से अभ्यास और साधना कर रहे हैं तो आपके गुरुद्वारा आपको मार्गदर्शन

जरूर मिलेगा। अगर आप किसी गुरु के पास शिक्षा प्राप्त कर रहें हैं अथवा प्राणायाम व योग की शिक्षा ले रहे हैं तो और भी बेहतर है।

आपके दैनिक जीवन में किसी भी प्रकार के बदलाव की आवश्यकता नहीं है। आप रोज की दिनचर्या और पारिवारिक जिम्मेदारियाँ निभा सकते हैं। आहार पर भी किसी भी प्रकार का प्रतिबंध नहीं है। केवल किसी भी बात में किसी भी प्रकार की अति नहीं करनी है। आपके दैनिक अभ्यास के लिये एक सुनिश्चित जगह और सुनिश्चित समय होना आवश्यक है। आपके अभ्यास के कारण उस स्थान पर एक प्रकार की शक्ति के स्पंदन तैयार होते हैं। जिसके कारण आपको आपकी प्रगति में सहायता मिलती है। इसी तरह आपको मिलने वाला मार्गदर्शन भी उसी सुनिश्चित वक्त पर वहाँ भेजा जाता है। अगर आपका अभ्यास अनियमित होगा तो उससे मिलनेवाला लाभ भी अनियमित होगा। आपकी प्रगति एक निर्दिष्ट सुसंगत रुप से नहीं होगी। जिस तरह आप पाठशाला में नियमों का पालन करते हैं उसी प्रकार यहाँ पर भी नियमों का पालन करें ऐसी अपेक्षा आपसे की जाती है। इस बात का आप पूरा ध्यान रखें कि अगर आप का अभ्यास खंडित होगा तो आपको मिलनेवाला लाभ भी खंडित होगा या कदाचित जरा भी लाभ नहीं होगा। अगर आप गंभीरतापूर्वक मन लगाकर अभ्यास करनेवाले साधक नहीं है तो गुरु भी आपको सिखाने में रुचि नहीं लेंगें। उनके पास मन से साधना करनेवाले दूसरे अनेक शिष्य हैं। वे उनका मार्गदर्शन करेंगें। यह अभ्यास खिलवाड़ नहीं है अपितु यह एक कठिन साधना है।

जब मैंने अपनी साधना आरंभ की तब मेरी आँखों के सामने एक सुनिश्चित लक्ष्य था। वह था यह जानना कि ''मैं कौन हूँ'' ''मैं कहाँ से आई हूँ'' ''और मुझे कहाँ जाना है।''

मेरा ध्येय एक बार निर्धारित हो जाने पर पूरी लगन से मैं इस पाठ्यक्रम का अभ्यास करने लगी। इस पाठ्यक्रम में शास्त्रोक्त पद्धति पर आधारित आध्यात्मिक श्वसन प्रकार हैं जिसमें प्राणायाम से लेकर ध्यान धारणा की शिक्षा संहित है। इन श्वसन क्रियाओं के कारण मेरा 'आज्ञा चक्र' जागृत हुआ और मेरे शारीरिक, मानसिक और भावनात्मक वृत्तियों में होनेवाले बदलाव को मैं समझने लगी।

'आठ आध्यात्मिक श्वसन क्रियाएँ' यह पुस्तक साधकों के मार्गदर्शन हेतु लिखी गई है। यह साधकों के ''मैं कौन हूँ'' ''मैं यहाँ क्यों हूँ?'' जैसे गहन

प्रश्नों का जवाब पाने में और उनकी आध्यात्मिक यात्रा में एक दीपस्तंभ की भाँति सहायता करेगी। यहाँ दी गई श्वसन क्रियाओं, उनके समर्थन वाक्यों एवं ध्यान के कारण साधकों की आध्यात्मिक प्रगति होगी। यह प्रगति कैसे होती है इसकी प्रकिया के बारे में ठोस जानकारी उन्हें प्राप्त होगी। आध्यात्मिक विकास की राह में होनेवाले बदलाव के प्रति उनकी भ्रांतियाँ, भय व धारणाएँ है। यह पुस्तक उन्हें दूर करने में हमारी सहायता करेगी।

सद्‌गुरु अपना कार्य खूब बड़े पैमाने पर कर रहे हैं और जिस तरह से मानव की चेतना एवं सोच में विकास हो रहा है यह बहुत ही महत्वपूर्ण है कि, सीखी हुई इस विद्या को हम केवल सीखकर अपने तक ही सीमित ना रखें किंतु इसे अपने आचरण का हिस्सा बनाकर यह ज्ञान ज्यादा से ज्यादा साधकों तक पहुँचाने का प्रयत्न करें।

बहुत वर्षो पहले सुनी हुई भगवान बुद्ध की एक कथा मैं आपको सुनाना चाहुँगी। भगवान बुद्ध अपना शरीर छोड़ प्राण त्यागने वाले थे, कुछ ही घंटे बचे थे। यह सुनकर उनके शिष्य अपनी श्रद्धा प्रकट करने और कुछ अंतिम पल उनके साथ गुजारने की इच्छा से उन्हें मिलने आये। यह देखकर भगवान बुद्ध ने कहा, ''कि तुम ऐसे समय में मुझसे मिलने आये हो यह अच्छी बात है। पर अगर तुम यहाँ ना आकर अपनी साधना जारी रखते तो वह और भी उत्तम होता।''

अध्याय पहला

# चक्र - ऊर्जा परिवर्तक

*यह दृश्य पारंपारिक चक्रों का वर्णन नहीं करता है बल्कि मेरे द्वारा देखे गये क्रम को प्रस्तुत करता है।*

ऋषिमुनियों के अनुसार, चक्र हमारे सूक्ष्म शरीर के हिस्से हैं और (भौतिक) आँखो से दिखाई नहीं देते। सूक्ष्म शरीर ऊर्जा की वाहिकाओं का विस्तीर्ण जाल है और जिस बिन्दु पर ये वाहिकायें एक दूसरे को प्रच्छेदित करती हैं उस जगह पर वे एक स्नायुजाल या ऊर्जा का केन्द्र बनाती हैं। संस्कृत में ऊर्जा की इन गहन वाहिकाओं को नाड़ी (सूक्ष्म वाहिका) के नाम से जाना जाता है और जिस बिन्दु पर ये नाड़ियाँ एक दूसरे को विभाजित करती हैं, उसे चक्र कहा जाता है। जहाँ पर केवल कुछ नाड़ियाँ एक दूसरे को विभाजित करती हैं वहाँ पर लघु चक्रों का निर्माण होता है जहाँ पर ऊर्जा की विशाल धारायें मिलती

एवं एक दूसरे को विभाजित करती हैं, वहाँ पर मुख्य चक्रों का निर्माण होता है। प्रत्येक चक्र की अवस्था का हारमोन ग्रंथि पर स्पष्ट प्रभाव पड़ता है। यह चक्र अति सूक्ष्म ऊर्जा के शक्तिशाली भँवर हैं, जो ब्रम्हांड से शक्ति प्राप्त करते हैं। वे परिवर्तक का कार्य करते हुये ऊर्जा के वेग को नियंत्रित करते हैं ताकि भौतिक शरीर के विभिन्न अंगो द्वारा उसका उपयोग किया जा सके।

शरीर में सात मुख्य चक्र होते हैं, हालाँकि सातवें चक्र में जाल का ताना बाना न होने के कारण उसे चक्र ना कहकर केन्द्र कहना अधिक उचित है। इन छ: मुख्य चक्रों में से प्रत्येक चक्र का प्रतिरुप महत्वपूर्ण अंगो अंत:स्त्रावी ग्रंथि (एंडोक्रिन ग्लेंड) के रुप में भौतिक शरीर में विद्यमान होता है और वह उसके चारों तरफ के क्षेत्र को ऊर्जा प्रदान करता है। किसी अंग का स्वास्थ्य उससे संबधित चक्र की अवस्था पर निर्भर है। जितना अधिक घना कोई भी चक्र होता है, उतना ही सघन उससे संबधित अंग होता है। चक्र के घनेपन का संबंध उन मानसिक नकारात्मक भावनाओं से है जो व्यक्ति विशेष अपने विकास की पूर्ण प्रक्रिया के दौरान संचित करता है। इसलिये चक्र न केवल भौतिक शरीर को संचालित एवं क्रियाशील करते हैं अपितु वे व्यक्ति की भावनात्मक एवं मानसिक दशा को भी नियंत्रित एवं प्रभावित करते हैं।

चक्र अपना कद, आकार एवं चाल (संचलन) परिस्थिति या मनोभाव के आधार पर बदल सकते हैं। उनका संचलन लयबद्ध अवस्था से अस्तव्यस्त अवस्था में भी परिवर्तित हो सकता है। वह एक उछाले हुये सिक्के की भाँति, दक्षिणावर्त (घड़ी की सुई के अनुसार) या उल्टी दिशा में, कोर पर रखे हुये सिक्के की भाँति, ऊपर नीचे, या दोलक की भाँति दाँये बाँये भी चल सकता है। उसकी लय, हालात, दशा या मनोस्थिति के अनुसार बदली होती है। कोई भी घटना किस व्यक्ति, स्थान अथवा वस्तु से संबंधित है इसका पता चक्र

*अनाहत चक्र की भिन्न गतियाँ*

की गति और कंपन से चल सकता है। पहुँचे हुए साधक अपने अति विकसित और संवेदनशील चक्रों के द्वारा ही किसी घटना के होने की भविष्यवाणी कर पाते हैं। इसी तरह उनके पास भविष्य में आने वाले व्यक्तियों के बारे में भी वे जानकारी दे सकते हैं।

स्वामी सत्यानंद सरस्वती के अनुसार –

*"मानव विकास में चक्रों का जागरण एक महत्वपूर्ण घटना है। इसे रहस्यवाद या जादूटोना समझने की भूल नहीं करनी चाहिये क्योंकि चक्रों के जागरण द्वारा हमारी चेतना और मनोदशा में परिवर्तन आते हैं। इन परिवर्तनों का हमारे दैनिक जीवन से महत्वपूर्ण संबंध है... प्रेम, करुणा, दान, दया इत्यादि उच्चगुण जागृत चक्रों द्वारा प्रभावित मन की अभिव्यक्ति है।"*

ऐसी मान्यता है कि चक्रों की क्रियाशीलता के आधार पर शारीरिक ऊर्जा को सूक्ष्म ऊर्जा में परिवर्तित किया जा सकता है, और शारीरिक आयाम के अंतर्गत उसे मानसिक ऊर्जा में बदला जा सकता है। जैसे जैसे चक्र क्रियाशील और जागृत होते हैं मनुष्य को अस्तित्व के अलौकिक स्थानों का ज्ञान होता है और उन स्थानों में प्रवेश करने की शक्ति प्राप्त होती है।

आप जिन श्वसन क्रियाओं का अभ्यास करने वाले हैं, वे चक्रों को क्रियाशील करने का कार्य करती है।

ऊर्जा के स्वतंत्र प्रवाह के लिये चक्रों का तादतम्य रुप में कार्य करना आवश्यक है। चक्र मानसिक ऊर्जा के भँवर है और उनके कंपन की गति हमारी भावनाओं, अहसासों और विचार प्रणाली से निर्धारित होती है।

## चक्र

1. सहस्त्रार चक्र (ब्रम्हरन्ध्र)
2. आज्ञा चक्र (भृकुटि या तृतीय नेत्र)
3. विशुद्धि चक्र (कंठ)
4. अनाहत चक्र (हृदय)
5. मणिपुर चक्र (नाभि)
6. स्वाधिष्ठान चक्र (पेडू)
7. मूलाधार चक्र
   (तल / पुच्छास्थि / Sacrum)

सहस्त्रार केंद्र के जागृत होने पर एक नई चेतना अवतरित होती है। चूँकि दिमाग इंद्रियों द्वारा दी गई जानकारी पर निर्भर करता है इसलिये हमारी वर्तमान की चेतना स्वावलंबी नहीं होती है। किन्तु जब उच्चकोटि की चेतना उभरती

है तब अनुभव एवं ज्ञान एक दूसरे से पृथक हो जाते हैं। ज्ञानेंद्रियाँ जैसे कि कान, आँखें, नाक इत्यादि की सहायता की आवश्यकता नहीं रहती। हम बाह्य आँखों से ना दिखनेवाली चीजें देख व अनुभव कर सकते हैं। कानों से ना सुननेवाली आवाजें सुन सकते हैं, नाक से ना सूँघ सकनेवाली सुगंध सूँघ सकते हैं और आलिंगन की उस गरमाहट को महसूस कर सकते है जिसका कोई जोड़ नहीं है।

जहाँ तक संभव है, मैं इस विशाल ज्ञान को उसके यथार्थ एवं पूर्ण रुप में पेश कर रही हूँ। मैं आशा करती हूँ कि यह सभी साधकों को शारीरिक एवं मानसिक कार्य प्रणाली समझने में सहायता करेगा। जिन्दगी में सदैव संजीदा बने रहकर सभी परिस्थितियों में दाँत कटकटाने के बदले प्रसन्नचित्त और हल्केपन का भाव रखें। हास्य हमें बड़ी से बड़ी बाधाओं के पार ले जा सकता है। सदैव आनन्दमय, उल्लास की स्थिति और सर्वश्रेष्ठ की अपेक्षा हमें नये, रोमांचकारी, साहसपूर्ण और संतुष्टिपूर्व जीवन की तरफ ले जाती है। ''जैसा बोया, वैसा पाया'' यह प्रकृति का नियम है।

## अंत:स्त्रावी ग्रंथियाँ

ऐसा कहा जाता है कि आपकी आयु आपकी ग्रंथियों पर निर्भर करती है। अगर कोई युवा व्यक्ति स्वयं को कमजोर और अशक्त महसूस करता है तो यह उसकी ग्रंथियों के कारण है। अगर आप स्फूर्तिपूर्ण, जीवंत एवं शक्तिशाली महसूस करते हैं तो उसके लिये भी ग्रंथियाँ ही जिम्मेदार है। अगर आप मानसिक या शारीरिक रुप से उद्वेगित या उत्साहित महसूस करते हैं तो उसके लिये भी ग्रंथियाँ जिम्मेदार हैं। वास्तविकता में आपका स्वास्थ्य एक या अनेक ग्रंथियों की सुचारु रुप से कार्यक्षमता या अक्षमता पर निर्भर करता है।

प्रत्येक चक्र स्वयं से संबधित ग्रंथि पर प्रभाव डालता है। उदाहरणार्थ विशुद्धि चक्र पेरा थायरोइड, थायरोइड और थायमस ग्रंथियों को नियंत्रित करता है। चक्रों और ग्रंथियों की स्वस्थ अस्वस्थ क्रियाशीलता पर किसका प्रभाव पड़ता है ? आपके नकारात्मक विचार ग्रंथियों पर बोझ डालकर उन्हें सुस्त, कमजोर और सुधार एवं पोषण के कार्य में अक्षम बना देते हैं।

आपकी ग्रंथियों को आप चिकित्साप्रणाली द्वारा फिर से उत्तेजनशील और सक्रिय कर सकते हैं अथवा इस पुस्तक में दिये हुये समर्थन वाक्यों एवं श्वसन क्रियाओं के अभ्यास द्वारा और स्वयं के सकारात्मक विचारों द्वारा सक्रिय कर सकते हैं।

**Endocrine glands (अंत:स्त्रावी ग्रंथियाँ)**

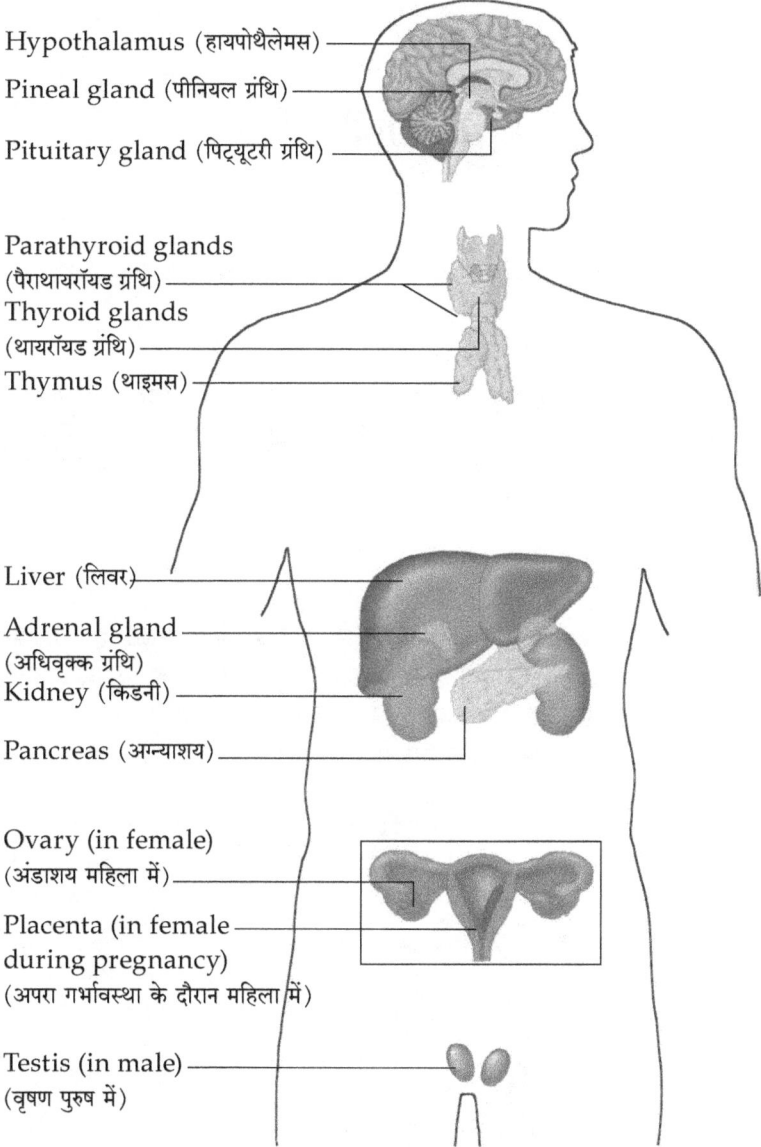

Hypothalamus (हायपोथैलेमस)
Pineal gland (पीनियल ग्रंथि)
Pituitary gland (पिट्यूटरी ग्रंथि)
Parathyroid glands (पैराथायरॉयड ग्रंथि)
Thyroid glands (थायरॉयड ग्रंथि)
Thymus (थाइमस)
Liver (लिवर)
Adrenal gland (अधिवृक्क ग्रंथि)
Kidney (किडनी)
Pancreas (अग्न्याशय)
Ovary (in female) (अंडाशय महिला में)
Placenta (in female during pregnancy) (अपरा गर्भावस्था के दौरान महिला में)
Testis (in male) (वृषण पुरुष में)

*Diagram showing the location of glands.*
*आकृति में ग्रंथियों के स्थान दिख रहे हैं।*

अध्याय दूसरा

# कुंडलिनी शक्ति

## कुंडलिनी शक्ति क्या है ?

स्वामी निरंजनानन्द सरस्वती के अनुसार –

*"प्राण सर्वदर्शीय और सुक्ष्मदर्शीय दोनों है। यह संपूर्ण जीवन का आधार है। महाप्राण वह ब्रम्हांडीय, सार्वभौमिक, सर्वव्याप्त ऊर्जा है जिसके भीतर से हम श्वसन क्रिया द्वारा सत्व आकर्षित करते हैं।... व्यक्तिगत शरीर में प्राण या महाप्राण की लौकिक अभिव्यक्ति कुंडलिनी के रुप में होती है।"*

## अधोगामी कुंडलिनी शक्ति

अधिकांशतः जब हम कुंडलिनी के बारे में कुछ पढ़ते हैं, तो वह कुंडलिनी के ऊपर उठने के बारे में होता है। श्वसन क्रियायें और उनके समर्थन वाक्यों का यह पाठ्यक्रम जिसका आप अभ्यास करेंगें, वह अधोगामी ऊर्जा के पथ का अनुसरण करता है और उसे हम कुंडलिनी का अवतरण

*मस्तिष्क के दोनों गोलार्ध कुंडलिनी से प्रभावित होकर समांतर आकार के वलय तैयार करते हैं।*

कहते हैं। यह ऊर्जा पहले सिर में अवतरित होती है, फिर हृदय में, फिर नाभि में और फिर उससे नीचे। दूसरे शब्दों में सहस्त्रार केंद्र में प्रवेश कर, वह आज्ञा चक्र की तरफ बढ़ती है, फिर विशुद्धि चक्र में, अनाहत चक्र में और फिर मणिपुर चक्र और क्रमानुसार नीचे के दूसरे चक्रों में। यह एक सुरक्षित पथ है। कुंडलिनी, अधोगामी ऊर्जा, मस्तिष्क में प्रवेश करती है जहाँ पर वह धनात्मक और ऋणात्मक छोरों को या मस्तिष्क के दाँये एवं बाँये गोलार्धों को प्रभावित करती है और सुस्ती एवं निष्क्रियता को हटाती है।

चक्रों में नीचे की तरफ जाती हुई कुंडलिनी उन्हें क्रियाशील करती है और हमारी प्रतिभाओं को उभारकर हमें अपने सामर्थ्य से परिचित कराती है। यह हमारे जीवन में ईश्वरीय चेतना के बारे में जागरुकता प्रदान करती है।

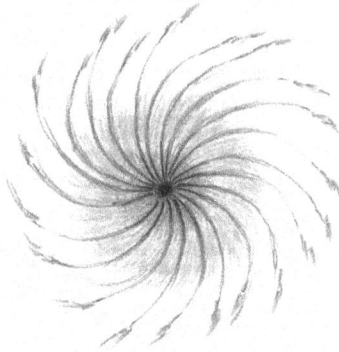

*एक क्रियाशील जागृत चक्र*

स्वामी सत्यानन्द सरस्वती के अनुसार –

*"जब कुंडलिनी का अवरोहण होता है, तब साधक के मन:स्थल की निचली परतें साधारण बुद्धि द्वारा प्रभावित नहीं होती है बल्कि उत्कृष्ट बुद्धि के नियंत्रण मे आ जाती है। चेतना का यह उत्कृष्ट प्रकार शरीर, दिमाग और इंद्रियों पर प्रभुत्व स्थापित करता है। इसके पश्चात कुंडलिनी शक्ति आपके जीवन पर शासन करती है। अवरोहण का यही सिद्धांत है।"*

जोह्न व्हाईट के अनुसार –

*"श्री अरविंदो कहते हैं, कि नीचे आती दिव्य ज्योति ना केवल मन को छुए बल्कि एक सर्वबलशाली शक्ति बन शारीरिक एवं निचले सभी स्तरों को छूकर उनका परिवर्तन कर दे तब सही मायने में बदलाव घटित होता है। श्री अरविन्दो घोषित करते हैं कि केवल दिव्य ज्योती का अवरोहण पर्याप्त नहीं है। संपूर्ण चेतना और उसके सभी स्वरुप जैसे कि शाँति, बल, ज्ञान, प्रेम एवं आनंद का अवरोहण होना चाहिये।"*

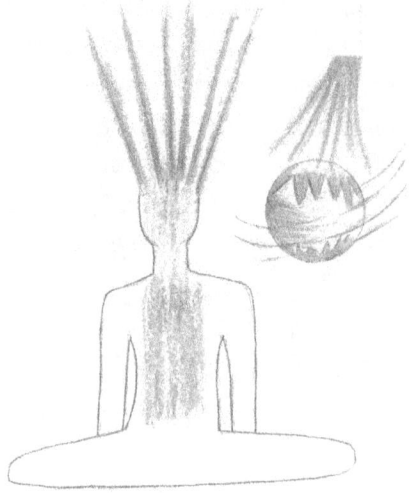

*सौर ऊर्जा का शारीरिक धरातल पर अवरोहण*

## सौर ऊर्जा

हम यह कह सकते हैं कि प्राण या सौर ऊर्जा सभी तत्वों में चराचर व्याप्त है और निरंतर रुप से क्रियाशील है। सर्वोच्च दिव्य ज्योति (सूर्य के पीछे सूर्य) से प्राप्त की हुई उस महत्वपूर्ण ऊर्जा के परिणाम स्वरुप आपकी आध्यात्मिक प्रवृत्ति उभरती है। सूर्य और ब्रम्हांड की उत्पत्ति करनेवाली इस ऊर्जा को ऋषिमुनियों ने सौर ऊर्जा का नाम दिया।

ऊपर दिये हुये दृश्य में यह दर्शाया गया है कि किस तरह सौर ऊर्जा या सौर शक्ति शारीरिक स्तर पर अवरोहित होती है। सूर्य की चुंबकीय किरणें धरती के पृष्ठभाग से उसके भूगर्भ में प्रवेश करती हैं और वनस्पति जीवन की उत्पत्ति करती है। यह सौर ऊर्जा बीज के अंदर प्रवेश कर उसके अंदर के सार को जड़ों के रुप में नीचे की तरफ ढ़केलती है।

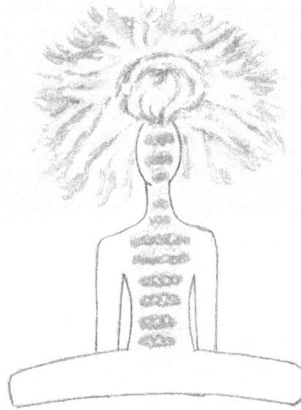

*चक्रों एवं सहस्त्रार केंद्र को क्रियाशील करती ऊर्जा*

सूक्ष्म शरीर में नाड़ी केंद्र या चक्रों के संग्रह से सौर ऊर्जा हमारे जीवन के भौतिक धरातल पर अवतरित होती है और फिर मेरुदंड से मस्तिष्क की तरफ जाती है। यहाँ पर इसकी धारायें एक साथ जुड़कर आध्यात्मिक शरीर का निर्माण करती है। अवरोहित सौर ऊर्जा शरीर के अंदर प्रवेश करती है और मेरुदंड के दाँये एवं बाँये हिस्से में बनी दो नाड़ियों द्वारा ऊपर की तरफ ऊर्ध्वगमित होती है। बाँयी तरफ की नाड़ी को इडा नाड़ी और दांयी तरफ की नाड़ी को पिंगला नाड़ी कहते हैं। इडा नाड़ी चेतना का और पिंगला नाड़ी जीवन शक्ति का संचालन करती है। ये दोनो नाड़ियाँ मस्तिष्क के दोनों गोलार्धों का पोषण करती है जो बदले में शरीर की प्रत्येक गतिविधि को नियंत्रित करते हैं। अंततः प्रयास यह रहता है कि, सौर ऊर्जा केंद्रीय नाड़ी जिसे कि हम सुषुम्ना नाड़ी (मेरुदंड में निहित सूक्ष्म नाड़ी) के नाम से जानते हैं उसमें से ऊपर प्रवाहित हो। चक्रों एवं केंद्रों से गुजरते हुए यह सौर ऊर्जा उन्हें क्रियाशील करती है। वे चक्र सौर ऊर्जा की अग्नि एकत्रित करते हैं। सौषुम्निक व्यवस्था में ऐसे कई केंद्र है जो पुर्नरुत्थान की प्रतिक्षा कर रहे हैं और सही श्वास प्रश्वास द्वारा उन्हें क्रियाशील किया जा सकता है।

नीचेकी दिशा में बहनेवाली कुंडलिनी शक्ति के प्रवाह के कारण शारीरिक स्तर पर बदलाव होते हैं। जीवन के उतार चढ़ाव, ऊँचनीच, लाभहानि इत्यादि का अनुभव करते हुए हम एक सर्व सामान्य जीवन व्यतीत कर वास्तव में सुखदु:ख की भावनाओं के जाल में फँसे बिना उनका अनुभव अलिप्त रुप से कर सकते हैं।

## उर्ध्वगामी कुंडलिनी शक्ति

मेरुदंड के मूल में जो निष्क्रिय शक्ति व्याप्त है उसे कुंडलिनी शक्ति का नाम दिया गया है। अपनी अव्यक्त अवस्था में उसे साढ़ेतीन बार कुंडली मारे हुये सर्प के रुप में दर्शाया गया है। जब वह जागृत होने के लिये तैयार होती है तब कुंडली खोल वह सुषुम्ना नाड़ी द्वारा सभी चक्रों में से गुजरती है। मूलाधार से आरंभ कर वह स्वाधिष्ठान, मणिपुर, अनाहत, विशुद्धि और आज्ञा चक्र एवं फिर सहस्त्रार केंद्र में विशुद्ध चेतना में विलीन हो जाती है।

*उर्ध्वगामी कुंडलिनी के रुप*

कुंडलिनी शक्ति कैसे जागृत होती है? यह दो अवस्थाओं में जागृत होती है। पहली यह प्राकृतिक रुप से जागृत हो सकती है और दूसरी यह गुरु के मार्गदर्शन द्वारा जागृत की जा सकती है। यह जागरण सहसा, अचानक एक आश्चर्यजनक तरीके से महसूस हो सकता है हाँलाकि ऐसा अनुभव बहुत ही दुर्लभ है। इस शक्ति के प्रकट होने पर अत्यंत उल्लास एवं परमकोटी के आनंद की अनुभूति होती है।

*विस्फोटित अनुभूति की भाँति जागरण*

विभिन्न साधकों को कुंडलिनी जागृत होने पर भिन्न-भिन्न तरह के अनुभव होते हैं। इस शक्ति के जागरण होने पर दिखने वाले विभिन्न दृश्यों को अगले पृष्ठ पर दर्शाया गया है।

जब कुंडलिनी तन व मन का शुद्धिकरण पूरा कर लेती है, तब वह शुद्ध सुनहरी रोशनी के रुप में आगे बढ़ती है और उसकी गतिविधि एक सर्प की भाँति प्रतीत होती है।

कुंडलिनी शक्ति और चक्र शरीर में अदृश्य रुप में होते हैं और भौतिक शरीर में उनसे संबधित अंग पाये जातें हैं। हमें चक्रों के अस्तित्व की अनुभूति हो यह आवश्यक नहीं है यह भी जरुरी नहीं है कि कुंडलिनी शक्ति को हम महसूस कर पायें। अगर उसके प्रवाह के मार्ग में कोई बाधा आयेगी, तभी उसके अस्तित्व का हमें बोध होगा।

आरोहित कुंडलिनी का एक पहलू

आलोकित शरीर या स्वर्णसर्प

जब कुंडलिनी शक्ति जागृत होती है, तो हमारे स्थूल शरीर में भी परिवर्तन की प्रक्रिया आरंभ होती है। उसके कोशाणु ऊर्जा से परिपूर्ण हो उत्तेजित हो जाते हैं और एक पूर्ण रुपांतरकरण की प्रक्रिया गतिशील हो जाती है। श्वसन क्रियाओं की संरचना इडा, पिंगला और सुषुम्ना नाड़ियों को शुद्ध करने के लिये की गई है ताकि जब कुंडलिनी शक्ति का जागरण हो तो उसके प्रवाह में कोई अवरोध नहीं आना चाहिये।

मेरे स्वंय के अनुभव से मुझे यह विश्वास हो गया है कि इनकी रचना इस प्रकार की गई है कि जिससे हमारा तन, मन व बुद्धि जागरण हेतु सक्षम हो सके। हालाँकि अंतत: कुंडलिनी शक्ति का जागरण चेतना के उस मुकाम पर अवलंबित होता है जहाँ तक साधक के द्वारा की गई साधना ने उसे पहुँचाया है।

यह प्रथम श्वसन क्रिया के अभ्यास के दौरान भी हो सकता है या शायद इसमें समय भी लग सकता है। यह आपकी प्रतिबद्धता, संकल्प और प्रबल इच्छा शक्ति पर निर्भर करता है।

अध्याय तीसरा

# जागृत कुंडलिनी के लक्षण

लामा सूर्यदास के अनुसार –

*"अपने तिब्बती गुरु के पास मैंने एक अति महत्वपूर्ण बात यह सीखी कि जिन स्त्री-पुरुषों को स्वयं जो भी प्रत्यक्ष दिव्य अनुभव हुए, उनके आधार पर आध्यात्मिक मार्ग की परंपराओ का उन्होंने निर्माण किया। मुझे पता चला कि ऐसे अनेक मार्गदर्शक एवं शिक्षक हुए हैं जिन्होनें साधकों को उनके आध्यात्मिक मार्ग में आनेवाले अवरोधों, खतरों व अड़चनों को दूर कर उन्हें मंजिल तक पहुँचने के सरल तरीके बताये। अनुभवी मार्गदर्शक साधकों को इस मार्ग के नक्शे समझाकर उन्हें इस पथ पर अग्रसर करते हैं। हम उनके अनुभव द्वारा सीख सकते है। वे हमें इस मार्गपर चलने के लिये प्रेरित करते हैं और हमारे सामने सुंदर, प्रेममय एवम् आध्यात्मिक जीवन का आदर्श प्रस्तुत करते हैं। यह मार्गदर्शन केवल जीसस क्राइस्ट (येशु) अथवा दलाई लामा ने किया, ऐसा नहीं हैं। अपितु आज भी ऐसे कई सक्षम आध्यात्मिक शिक्षक हैं जो स्वयं के अनुभव से सिखा सकते हैं।"*

उर्ध्वगामी कुंडलिनी का ज्ञान प्रत्येक साधक के लिये उसे मिले अनुभव के आधार पर अलग अलग होता है। उदाहरण के तौर पर मेरी पिछली किताबों में बताये गये अनुभव व दृश्य हूबहू उसी प्रकार से आपको अपने ध्यान में (अगर आपको ध्यान के दौरान दृश्य दिख रहे हैं तो) दिखेंगें यह जरुरी नहीं है। साधकों को ध्यान में दिखनेवाले प्रतीक और गूढ़ अनुभव बहुधा उस साधक की धार्मिक व सांस्कृतिक संस्कारों पर निर्भर करते हैं। किसी हिंदू साधक को शिवसंबंधी या उसकी पसंद के देवी देवता संबधी दृश्य दिख सकते हैं। ईसाई को जीसस क्राइस्ट या मदर मेरी संबंधी व स्थानिक अमेरीकन को किसी पवित्र गाय, भैंस या भेड़िये के रुप में, पशुपक्षी के दृश्य दिख सकते हैं। हिंदू को त्रिशूल का, ईसाई को क्रॉस का, पारसी को अग्नि का, स्थानिक अमेरिकन को पंखो के ताज का प्रतीक दिख सकता है। इन प्रतीकों की अपनी एक भाषा है और वह साधक के पूर्व इतिहास, वंश, परंपरा और रुढ़ियों की तरफ इशारा करती है।

शारीरिक स्तर पर कुंडलिनी जब नीचे की ओर प्रवाहित होने लगती है तो हमारी चेतना में स्थान परिवर्तन होता है। अपितु हम दूसरे लोगों की भाँति परिवार एवं समाज के प्रति हमारे कर्तव्य एवं उत्तरदायित्व को निभाते हुए सर्वसामान्य जीवन जीते हैं और आशा, आकांक्षा, प्रेम इन सभी भावनाओं को भी महसूस करते हैं किंतु तीव्र उत्कंठा, क्रोध एवं आसक्ति की भावनाओं में बहे बिना, शारीरिक एवं मानसिक क्लेश किये बिना एक तटस्थ मनुष्य या चलचित्र में अपनी कलाकारी दिखाते हुए एक अभिनेता की भाँति इन सबका अनुभव लेते हैं। नीचे की दिशा में स्थित तीन चक्रों (मूलाधार, स्वाधिष्ठान, मणिपुर) द्वारा दी गयी जानकारी और डेटा का उनमें लिप्त हुए बिना उपयोग करने के कारण यह संभव हो पाता है।

आपके अभ्यास के दौरान केवल आज्ञा चक्र भी प्रभावित और जागृत हो सकता है। ऐसे वक्त हमारी चेतना अज्ञात लोकों में जाती है और आपको चित्र-विचित्र आकृतियाँ, राक्षसी अथवा देवी शक्तियाँ दिखने लग सकती है। आपको ऐसी अनेक ध्वनियाँ सुनाई देंगी या दृश्य दिखेंगे जिनका कोई भी स्पष्टीकरण नहीं है। इसमें डरने या घबराने की कोई बात नहीं है। यह सब आपकी मानसिक अवस्था का परिणाम है। यह सभी बातें मिथ्या हैं और इनसे हमें किसी भी प्रकार की हानि या लाभ नहीं हो सकता है इसलिये इन्हें भूल जाना ही बेहतर है। आपकी पूर्वस्मृति में संचित बातें अब प्रकट हो रही हैं। आप केवल उनका निरीक्षण करें, देखें और भूल जायें।

आपको शायद दिव्य ध्वनि 'नाद' सुनाई दे। प्राणायाम के कारण आपकी नाड़ियों के शुद्ध होने का यह परिणाम है। हमारी कर्णेंद्रिय सुन ना सके, इस प्रकार की यह एक दिव्य सूक्ष्म ध्वनि है। 'छीन-छीन्' इस तरह से जैसे झिंगुर की आवाज हो वैसी आवाज, आपको सतत् सुनने को मिलेगी। इसी प्रकार घंटी की आवाज, वीणा की आवाज, ढोल, शंख या बीन की आवाज, बादलों की गड़गड़ाहट, बिजली की कड़कड़ाहट जैसी आवाजें भी सुन सकती हैं। ये सभी आवाजें हृदय में प्राण के कंपन के कारण अनाहत चक्र में से उत्पन्न होती हैं।

सफेद, पीले, लाल, नीले, हरे या धुंधले रंगो में अनेक प्रकार की रोशनी आपको दिख सकती है। इस तरह भाँति भाँति के रंग दिखना इस बात का सूचक है कि आप शारीरिक चेतना से ऊपर की स्तर की चेतना की ओर जा रहे हैं।

अगर आपकी आँखे चकराने लगे, आपकी जिव्हा मुड़कर पीछे की तरफ जाये या उसका अग्रभाग तालू छुये, अगर आपके दाँत किटकिटाने लगे या आप काँपने लगे – तो चिंता मत कीजिए। यह सभी जागृत कुंडलिनी की निशानियाँ हैं। बिना डरे अपने दैनिक अभ्यास को जारी रखिये क्योंकि यह सब शुद्धिकरण एवं परिवर्तन का एक हिस्सा है।

आपको शायद ऐसा अहसास हो कि आप पर आघात हो रहा है किन्तु यह केवल एक आभास है। अगर आपके विचार स्पष्ट हैं और घटनाओं की सही समझ आपको आ गई है तो ये सभी घटनाएँ अपने आप बीत जायेंगी। कभी कभी आपको ऐसा महसूस होगा जैसे कि आपको कोई कोंच रहा है अथवा आपको जलन या ठंडक की अनुभूति होगी। ऐसे वक्त अगर आप शांत और स्थिर रहकर उसे सहन करेंगें तो शक्ति को अपना कार्य करने में आसानी होगी। अगर आपकी आँखो के ऊपर दुखाव हो या भृकुटी के मध्य (तीसरी आँख) में दबाव महसूस हो तो चिंता ना करें। उस स्थान पर शक्ति प्रवाह के रास्ते में आई हुई अड़चन से ऐसा होता है। समयापुरांत यह अड़चनें दूर हो जायेंगी और शक्ति का प्रवाह सरलरुप से होने लगेगा।

कभी कभी आपको शरीर में झटके लग सकते हैं। कभी कभी ये झटके जोरों के भी हो सकते हैं। कुंडलिनी शक्ति यह सूक्ष्म शरीर की शक्ति है। जब यह शक्ति सूक्ष्म शरीर की संकुचित हुई शिराओं में से गुजरती है तो स्थूल शरीर में धक्का लगता है। अगर आप किसी शारीरिक मुद्रा में अटक जाते हैं तो केवल उसे ध्यानपूर्वक देखते रहें, थोड़ी देर में अपने आप वह बंध खुल जायेगा। आप यह ना भूलें कि आपने स्वयं में परिवर्तन लाने के अभ्यासक्रम को आरंभ किया है। आपके अंदर निहित सर्जनशील प्रज्ञा अब आपकी पुनर्रचना के लिए एक जटिल प्रक्रिया से गुजर रही है। उस सर्जनशील प्रज्ञा को यह भलीभाँति मालूम है कि उसे क्या करना है और आपकी सहनशीलता की पराकाष्ठा क्या है। जागृत कुंडलिनी शक्ति के प्रति पूर्ण समर्पण कर आप इस प्रक्रिया को सरल बना सकते हैं। इस समर्पण को किसी दुर्बल, अनुत्साही या निर्जीव व्यक्ति का समर्पण ना समझें। यह एक उद्यमी, जागरुक इंसान का प्रतिबंधरहित समर्पण है।

अपनी साधना ईमानदारी और प्रामाणिकता से करें क्योंकि अगर कुंडलिनी का जागरण समय से पहले हो गया तो वह किसी भी एक चक्र में फँसकर, उस चक्र से संबधित आचरण की शक्ति को कई गुना बढ़ाकर समस्या खड़ी कर सकती है। अकाल जागरण से किसी भी साधक की अतृप्त भावनाएँ, अपूर्ण इच्छायें व नकारात्मक प्रवृत्तियों में कई गुना बढ़ोतरी हो सकती है।

अगर इस अभ्यास के दौरान किसी भी मोड़ पर आप भयभीत हो जाते हैं तो कृपया अपना अभ्यास बंद कर अपने पुराने जीवन के तरीके में तब तक लौट जाएँ जब तक आपको इसकी सही समझ प्राप्त ना हो। अपनी मानसिक, भावनात्मक और शारीरिक स्थिति में संतुलन पैदा होने का विश्वास जब आपको हो जाए तब आप फिर से साधना आरंभ कर सकते हैं।

अध्याय चौथा

# मन का सशक्तिकरण

आप पायेंगे कि आनेवाले अध्यायों में श्वसन क्रिया और उसके महत्व पर बार बार जोर डाला जा रहा है। यह आपको तब तक बार बार याद दिलाया जायेगा जब तक आपकी अवचेतना में गहराई से यह बात बैठ ना जाये और सही तरीके से साँस लेने की प्रक्रिया आपके जीवन का एक हिस्सा ना बन जाये। हमारा जीवन अवलंबित है हमारी साँस पर। प्रकृति में सबकुछ एक लयबद्ध तरीके से स्पंदित होता है। तुलनात्मक रुप से देखने जायें तो हम यह कह सकते है कि बिना आहार के हम कई दिनों तक जी सकते हैं, बिना पानी के उससे कुछ कम, किंतु साँस लिये बिना हम केवल कुछ क्षणों के लिये ही जीवित रह पायेंगें। सही श्वास प्रश्वास की क्रिया से होनेवाले लाभों को हम शब्दों मे बयान नहीं कर सकते हैं। उनका हम केवल अनुभव कर सकते हैं। 'पॉवर आफ नाऊ' के लेखक श्री एकार्ट टोले से किसीने सलाह माँगी कि एक विशेष आध्यात्मिक संघटन द्वारा सिखाये जा रहे अनेक अभ्यासक्रमों में से उसे कौन सा पाठ्यक्रम सीखना चाहिये तब उन्होंनें कहा ''यह सभी अभ्यासक्रम बहुत ही दिलचस्प हैं किंतु मेरे अनुसार आप को जब भी याद आये आपको अपनी श्वसन क्रिया पर पूरी तरह से ध्यान देना चाहिये। ऐसा आप एक वर्ष तक करें। इससे आपको किसी भी पाठ्यक्रम से जुड़ने से अधिक लाभ होंगें और यह नि:शुल्क भी है। एक विचार के पीछे-पीछे अखंड रुप से आनेवाले अनगिनत विचारों की श्रृखंला को भंग कर थोड़ा सा अंतराल स्थापित करने के लिये ध्यानपूर्वक ली गई एक साँस भी काफ़ी है।''

ध्यान धारणा के संबध में आप पायेंगे कि प्रारंभिक अध्याय एवं सकारात्मक वाक्य आपकी शारीरिक क्षमता विकसित कर एक दीर्घ स्वस्थ जीवन जीने में आपका मार्गदर्शन कर रहे हैं। जब तक हम अपने शरीर पर नियंत्रण रख उसे निरोगी रखने की विधि ना सीख लें तब तक हम अपनी उच्च आकाँक्षाओं

को पूरा नहीं कर पायेंगे। इसलिए केवल प्रश्नों के जाल में ना फँसे, ना ही शंका – कुशंका करें। अपनी साधना पर ध्यान दें। धीरे-धीरे सब कुछ स्पष्ट होते जायेगा।

''मैं कौन हूँ? मैं कहाँ से आई हूँ? यह जानने के स्पष्ट आशयमात्र के साथ मैंने अपनी साधना आरंभ की थी। अब मैं यह सुनिश्चित रुप के साथ कह सकती हूँ कि मुझे बिल्कुल वही ज्ञान दिया गया। यह अभ्यासक्रम इस सरल नियम का अनुसरण करता है, ''खोजो और तुम्हें मिलेगा, माँगो और तुम्हें दिया जायेगा।'' और यह तभी संभव है जब आप केवल किताबी कीड़े ना बनकर, वास्तव में लगनपूर्वक अभ्यास करें। आप में अपने ध्येय को प्राप्त करने की तीव्र उत्कंठा और इस ज्ञान के प्रति उत्सुकता होनी चाहिये। इस बात पर दृढ़ विश्वास होना चाहिये कि आप अपनी मंजिल जरुर हासिल करेंगें।

जीवन की प्रक्रिया में हम पहले सोचते हैं, फिर महसूस करते हैं और फिर उसे अमल में लाने के लिये कार्य करते हैं। चूँकि किसी भी खयाल को हम महसूस कर पाते हैं, हम जानते हैं कि वह संभव हो सकता है। किसी भी विचार को फलान्वित करने की हमारी धारणा केवल हमारे दिमाग में ही नहीं किंतु हमारे मन में भी गहराई तक पैठ जानी चाहिये। जब हम अपने रोम रोम में उस खयाल को महसूस कर पाते हैं, जब हमारा संपूर्ण अस्तित्व उस खयाल से दपदपाता है तब हम अपने जीवन की संरचना बिल्कुल उसी तरह कर पाते हैं जैसा हम चाहते हैं। "हमारी आकांक्षाओ को हम पूरा कर सकते हैं, जो मुकाम पाना चाहते हैं वह हासिल कर सकते हैं" जब तक यह धारणा अडिग रूप से हमारे अंदर प्रस्थापित ना हो जाये, हम आगे नहीं बढ़ सकते। इसलिये नीचे लिखे प्रयोग को पूरे भाव के साथ करें:

अपनी आँखे बंद करें और सोचें, ''मैं अपने जीवन का स्वामी हूँ। मैं जो चाहता हूँ वह करुंगा।''

अब इसे जोरों से कहिये और कई बार दोहराइये। फिर विश्राम कीजिए। अब फिर से इसे और अधिक भावना के साथ दोहराइये। इस तरह कहिये जैसे कि आप जानते हैं कि आप स्वयं अपने जीवन के स्वामी हैं क्योंकि और कोई नहीं है। कहिये ''मैं प्रसन्न हूँ मुझे पहले ऐसा प्रतीत नहीं हुआ किंतु अब मैं यह जान गया हूँ। मेरे शरीर की रग रग में मुझे यह प्रतीत हो रहा है कि मैं अपने जीवन का स्वामी हूँ – और अब मैं उसे वास्तव में जीना आरंभ करुंगा। इस धारणा को केवल आपके दिलोदिमाग पर ही नहीं किंतु आपकी कल्पना

शक्ति तक जाना होगा।'' कल्पना प्रत्येक इंसान की सर्जनात्मक शक्ति है। हम जो भी करते हैं वह इस शक्ति की प्रेरणा से करते हैं। आपकी कल्पना आपके अंदर बसनेवाली अनंत की सर्जनशक्ति है। हमारे कल्पनात्मक और रचनात्मक विभाग से विचार की उत्पत्ति के पश्चात ही हम उस बारे में कुछ कर सकते हैं। बिना विचार के कोई भी कार्य संभव नहीं हैं।

हाँलाकि कल्पनाशक्ति आपकी सर्जनशील शक्ति है, इसका उपयोग कैसे किया जाए, इसे किस तरह नियंत्रित और मार्गदर्शित किया जाए, यह सब आपको सीखना है, क्योंकि अगर आप उसका निर्देशन नहीं करेंगें तो वह आपका निर्देशन करेगी। इस सर्जनशक्ति को आप जैसे प्रशिक्षण देंगे वैसा ही वह कार्य करेगी।

अगर आप उसे राह नहीं दिखायेंगें तो वह आपको रुढ़िवादी परंपराओं और नकारात्मक धारणाओं के आधार पर जिसमें कि असफलता, निराशा, रोग, मृत्यु व नाश जैसी धारणायें भी शामिल हैं उनका स्मरण करायेगी। हम सामाजिक विचारप्रणाली और व्यवस्था के अंग हैं और इन रीतिरिवाजों और परंपराओं को बिना शंका, सवाल किये बिना स्वीकार करने पर उसके दुष्परिणामों से बच नहीं सकते हैं।

## उच्चारण

*''मैं अपने जीवन का स्वामी हूँ।*
*मैं अपनी इच्छानुसार जो चाहूँ, वह करुँगा !''*

*''मैं अपने जीवन का स्वामी हूँ।*
*मैं अपनी इच्छानुसार जो चाहूँ, वह करुँगा !''*

*''मैं अपने जीवन का स्वामी हूँ।*
*मैं अपनी इच्छानुसार जो चाहूँ, वह करुँगा !''*

*''मैं आनंदित हूँ – मुझे इससे पहले कभी ऐसा प्रतीत नहीं हुआ !*
*अब मुझे अपनी पूरी शक्ति के साथ यह बोध हो रहा है कि,*

*मैं स्वयं अपने जीवन का स्वामी हूँ –*
*और अब मैं सही मायने में उसे जीना आरंभ करुंगा।''*

# मन

हम जो कुछ भी जानते है वह सब हमें अपने विचारों के द्वारा प्राप्त होता है। सोचने के लिये एक माध्यम की आवश्यकता होती है। दूसरे शब्दों में कहा जाये तो हमें एक ऐसी वस्तु या माध्यम चाहिये जिसके द्वारा हम सोच सकें और वह है – 'मन'। आत्मा या जीवन को स्वयं को अभिव्यक्त करने के लिये एक आकार या रूप की आवश्यकता होती है। कुछ आकार देखे और महसूस किये जा सकते हैं जबकि कुछ सूक्ष्म होते हैं और उन्हें देखा या महसूस नहीं किया जा सकता। हमारा मन उन सूक्ष्म तत्वों में से एक है जिसे देखा या महसूस नहीं किया जा सकता। 'मन' के नाम से जानेवाले इस अदृश्य तत्व से हमें 'विचार' की प्राप्ति होती है। ये विचार तब तक सूक्ष्म रहते हैं जब तक हम इनकी अभिव्यक्ति शब्दों या आकार में नहीं करते।

मन में आये हुए सभी विचार तुरंतही बाहर आते हैं। जैसे ही मन में एक विचार आकार लेता है वह उसी वक्त वातावरण में भी स्वरुप ले लेता है। जैसे पिंड में वैसे ब्रम्हांड में, यह सृष्टि का विधान है। जिस प्रकार आप अपने विचारों को अपनी सोच एवं धारणा के रुप में अवचेतन मन में संचित कर के रखते हैं उसी तरह वे विचार व धारणाऐं सामूहिक अवचेतना में भी संचित की जाती हैं। जैसे जैसे हम जीवन के सफर में आगे बढ़ते हैं, हम अपने बारे में कुछ धारणाऐं बनाते हैं जैसे कि हम कौन हैं और जगत से हमारे कैसे संबंध होने चाहिये। हम स्वयं ही अपनी पटकथा अपनी अबोध समझ के आधार पर लिखते हैं। 'ऐसा होना चाहिये' 'ऐसा करना ही चाहिए' ऐसे कहते रहने की अपेक्षा वर्तमान की परिस्थिति को जैसा है वैसे देखना चाहिये। ''मेरी समझ के अनुसार केवल मेरी ही सोच सही है। अगर कोई बात मुझे सही लग रही है तो वह आपके लिये भी सही होनी चाहिये। किंतु यह संभव नहीं है क्योंकि वह केवल आपका सत्य है, दूसरे के लिए वह बैमानी है। दूसरे की रामकहानी भिन्न हो सकती है अथवा उसका परिस्थितियों को देखने का नज़रिया दूसरा हो सकता है। इसका विचार किये बिना हम कैसे अपनी सोच या हमारे विचार किसी दूसरे पर लाद सकते है? इन विचारों को धो पोंछ कर मिटाया नहीं जा सकता। केवल एक ही उपाय है और वह है इन विचारों को पूरी तरह से बदलना। यह तभी संभव है जब मेरुदंड की दाँयी और बॉयी तरफ बहती शक्ति में संतुलन हो।

## बुद्धि और कल्पना

बुद्धि और कल्पना में कोई भी संघर्ष नहीं होना चाहिए। ये दोनों पूरी तरह से भिन्न हैं और इसलिये इन्हें एक समझने की भूल नहीं करनी चाहिये।

## बुद्धि

बुद्धि सर्जन नहीं कर सकती है। वह यह कर ही नहीं सकती। केवल कल्पना सर्जन कर सकती है और वह करती भी है। बुद्धि सोचविचार करती है, निर्णय लेती है और उसका कार्य यहीं पर खत्म हो जाता है। कल्पनाशक्ति सोच विचार नहीं करती, वह इसमें सक्षम नहीं है। इसलिए जब बुद्धि कहती है ''मुझे जवान बनना है और मुझे जवान रहना है किंतु मुझे आशंका है कि मैं जवान नहीं रहूँगा'' तो यह हमारी मान्यता के आधार पर हमारी कल्पना को दिया गया निर्देश है। ''मैं नहीं रहूँगा'' इस विचार से नकारात्मक परिस्थितियाँ पैदा होती है और उसके परिणामस्वरुप आपकी इच्छा वहीं समाप्त हो जाती है। इसलिए तर्क को इस बात पर भरोसा होना चाहिये कि हम अपनी सोच और साँस के जरिए से फिर से यौवन हासिल कर सकते हैं।''

'विचार' यह विश्व की सबसे महान शक्ति है। 'विचार' जीवन का प्रमुख कारण हैं। गतिविधि और क्रियाशीलता इन्हीं विचारों के कारण होती हैं।

## कल्पना

आपकी कल्पना आपके जीवन में चमत्कार लानेवाली कार्यकर्ता है। आप अपनी सोच या अपनी कल्पना के अनुसार स्वयं की रचना करते हैं, इस बात से वाकिफ हैं। दर्पण में दिखनेवाली आपकी छवि आपकी कल्पना का ही प्रतिबिंब है। कल्पना आपके अंदर निहित सर्जनशील दिव्य शक्ति है। आप वैसे हैं जैसा अपने बारे में सोचते हैं। जब आप अपनी विचारधारा में बदलाव लाते हैं उसी समय आप में भी बदलाव आता है। आपकी कल्पना आपके अंदर निहित वह शक्ति है जो रंगबिरंगे चित्र बनाती है, सपने सँजोती है और अनेक अद्भुत कल्पनाओं से आपको ओतप्रोत करती है। किंतु कल्पनाशक्ति तर्कवितर्क या विश्लेषण नहीं कर सकती।

कल्पना दबे पाँव एक सम्मोहित हुए कलाकार की भाँति कई प्रकार की योजनाओं, आशाओं, इच्छाओं, रंगबिरंगे सपनों और चित्रों के साथ आपके

मन में प्रवेश करती है और आपके कानों में बुदबुदाती है कि आप एक महान व्यक्ति बन सकते हैं, जो पहले कभी ना किये हुए कार्य भी कर सकते हैं। कहती है कि आप अभी जो भी कार्य कर रहे हैं उसे उससे कई गुना ज्यादा बेहतर तरीके से कर सकते हैं, कि आप आरोग्यसंपन्न और सुखी हो सकते हैं, और अधिक समृद्ध और धनवान बन सकते है, आप अपने अभी के कार्यक्षेत्र में पहले कभी ना हुए श्रेष्ठ महान व्यक्ति बन सकते हैं तो क्या होता है ? यह सब सुनकर आप रोमांचित हो जाते हैं। इन सारी बातों से आपका मन हरा भरा हो जाता है और आप प्रसन्नचित्त हो उठते हैं। आप हवा में उड़ने लगते हैं। आप अत्यंत प्रसन्न हो जाते हैं। आप विजयी और यशस्वी महसूस करते हैं। आप आशावादी हैं। अत्यंत खुश हो आप जीवंत महसूस करने लगते हैं। इस सफलता एवं यश का आनंद उठाते हुए आप संसार की सुध बुध खो देते हैं। आपको महसूस होता है कि आप और भी बेहतर कर सकते हैं... बेहतर बन सकते हैं... अपनी इच्छानुसार जीवन जी सकते हैं। आपको संदेश मिलता है कि ''आप जो चाहें वह बन सकते हैं और जो चाहें वह कर सकते हैं।''

अब इसके बाद जब आप कहते हैं कि, ''हाँ, मुझे महसूस हो रहा है कि मैं बेहतर बन सकता हूँ किंतु मैं जानता हूँ कि मैं ऐसा नहीं करूंगा'', तब कल्पना द्वारा रचा गया सुंदर महल धराशायी हो जाता है। ''मैं ऐसा नहीं करूंगा'' यह कल्पना को मिलनेवाला ऐसा निर्देश है जो नकारात्मक परिस्थितियाँ उत्पन्न करता है और इससे आपकी आकांक्षाएँ उड़न छू हो जाती है। इसलिए मन में तर्क (बुद्धि) और कल्पना के बीच किसी भी प्रकार का विरोध (द्वंद्व) ना होने दें।

श्वसन क्रियाओं और उनके समर्थन वाक्यों के विज्ञान में आरंभ के कुछ प्रकरणों में इस बात पर जोर डाला गया है कि आपका जीवन अमर है और यह भावना गहराई से आपके मन में प्रवेश कर जानी चाहिये। आप और मैं जीवन हैं और जीवन अमर है। हमारी चेतना में इस धारणा को प्रस्थापित करने की आवश्यकता पर जोर डाला जा रहा है कि आप और मैं, अपने अंदर स्थित इस दिव्य जीवन शक्ति का उपयोग अपनी इच्छानुसार कर सकते हैं। हमारे अंदर जो दिव्य शक्ति निहित हैं उसे हम पूरी तरह समझ लें तो उसको नियंत्रित कर सकते हैं। ऐसा करने पर वह हमें अस्तित्व के प्रत्येक मुकाम पर उन सभी परिस्थितियों से बचायेगी जिनसे रोग, असांमजस्य और असंतुलन पैदा होते हैं।

अपने मन में एक ऐसे व्यक्ति की छवि देखिये जो जीवन से परिपूर्ण, शक्तिशाली, बलवान और आशावादी है। प्रगाढ़ विश्वास रखिये कि अत्यंत आकर्षक व्यक्तित्व की वह दिव्य शक्ति आपके अंदर प्रकट होकर आपकी सर्वोच्च आकांक्षाओं को परिपूर्ण करने में आपकी सहायता करेगी। संक्षिप्त में, शक्ति से दपदपाता एक ऐसा व्यक्तित्व जो आपकी तरफ केवल सर्वश्रेष्ठ को आकर्षित होने देता है।

आप एक नयी शुरुआत नहीं कर सकते, ऐसा आपको कभी भी नहीं कहना है।

आपकी जो इच्छा है वह आप नहीं कर सकते है, ऐसा आपको कभी भी नहीं कहना है।

आप में किसी भी प्रकार की कोई कमी है, जो आपको आप जो बनना चाहते हैं वह बनने से रोकती है, ऐसा आपको कभी भी नहीं कहना चाहिए।

आप यशस्वी हो सकते हैं इस बात पर पूरी श्रद्धा से विश्वास करें। शायद आप अभी इस बात से अनभिज्ञ हैं कि ब्रम्हांड बनानेवाली जो शक्ति है वही आपके अंदर निहित है और आप जो और जैसे भी हैं उसी के कारण हैं।

अध्याय पाँचवा

# प्राण और प्राणायाम

*मणिपुर चक्र से अंदर प्रवेश कर आज्ञा चक्र से बाहर आता प्राण का स्वतंत्र प्रवाह*

ऋषिमुनियों ने हमें यह सिखाया है कि वायु में एक ऐसा तत्व निहित है जिससे जीवन की उत्पत्ति हुई है। वह तत्व है, प्राण या जीवन शक्ति। जब हम प्राण की बात करते हैं तब उसका अर्थ साँस, हवा या ऑक्सीजन नहीं है। वह मौलिक प्राण शक्ति है। यह जीवन शक्ति सर्वव्यापक है, सजीव, निर्जीव, हर एक अस्तित्व में समाई हुई है। चूँकि प्राण वायु एवं वातावरण का हिस्सा है, हम उसे निरंतर साँसो के द्वारा भीतर ले रहे हैं। प्राण को स्थूल शरीर में मस्तिष्क और स्नायु केंद्रो में संचित किया जाता है। शरीर में चारों तरफ प्रवाहित होने वाली प्राण की धाराओं के मार्ग को नाड़ी कहा जाता है। ये प्राणिक शरीर में ऊर्जा की सूक्ष्म वाहिकायें हैं। नसों का संबध स्थूल शरीर से है जबकि नाड़ीयों का संबंध प्राणिक, जीवनप्रद शरीर से और सुक्ष्म कोश या सूक्ष्म शरीर से है। प्रत्येक दिशा में प्राण को लाती ले जाती बारीक रेशों के जैसी श्रृंखलाओं की विस्तृत संचारप्रणाली को नाड़ियाँ ऊर्जा प्रदान करती हैं।

योगशास्त्र के अनुसार 72,000 नाड़ियाँ है। इन 72,000 नाड़ियों मे से 10 नाड़ियाँ प्रमुख है जिनमें से तीन अत्यंत महत्वपूर्ण है। यह तीन नाड़ियाँ इडा, पिंगला और सुषुम्ना है। सुषुम्ना नाड़ी केंद्रीय प्रवाहिका है। मूलाधार चक्र जो कि मेरुदंड के आधार में स्थित है वहाँ से इन तीन नाड़ियों की उत्पत्ति होती है। प्राणशक्ति, मूलाधार चक्र से ईडा और पिंगला नाड़ियों से आंशिक रुप में बाहर आती है। ईडा और पिंगला ये दोनों नाड़ियाँ मेरुदंड के दोनों तरफ से चलते हुए विभिन्न चक्रों पर एक दूसरे को प्रतिच्छेदित करते हुए ऊपर जाती है।

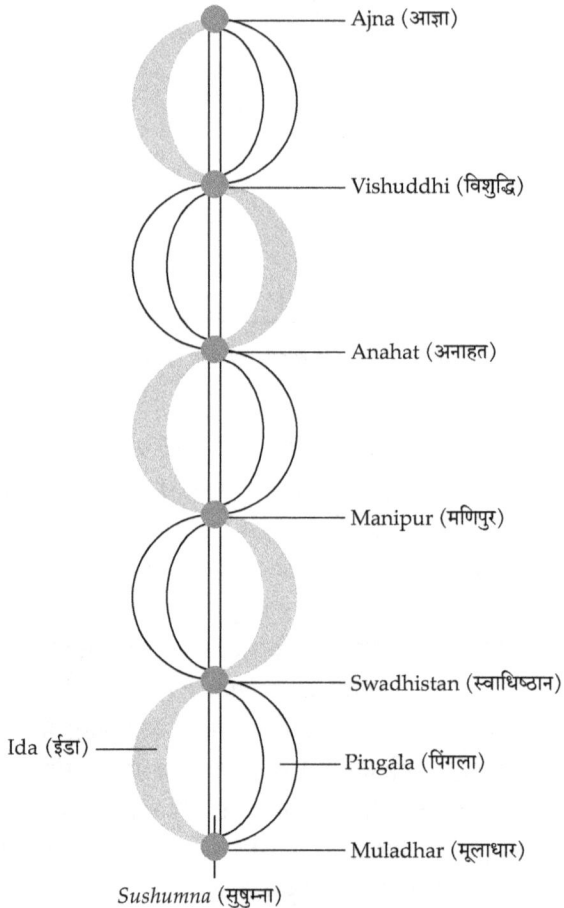

Ajna (आज्ञा)

Vishuddhi (विशुद्धि)

Anahat (अनाहत)

Manipur (मणिपुर)

Swadhistan (स्वाधिष्ठान)

Ida (ईडा) — — Pingala (पिंगला)

— Muladhar (मूलाधार)

*Sushumna* (सुषुम्ना)

प्राणायाम के अंतर्गत हम प्राण के प्रवाह को विभिन्न तरीकों से संचालित करना सीखते हैं।

ईडा मानसिक ऊर्जा की और पिंगला प्राण ऊर्जा या सौर ऊर्जा की प्रवाहिका है। जब साँस दाँयी नासिका से अधिक मात्रा में बहती है तो हम कहते हैं कि पिंगला सक्रिय है और व्यक्ति अधिक शक्तिशाली और स्फूर्तिशाली होता है। जब साँस बाँयी नासिका से अधिक बहती है तो हम कहते हैं कि इडा सक्रिय है। इडा मानस शक्ति या चंद्रशक्ति की संचालक है। जब यह नाड़ी सक्रिय रहती है तब मानसिक शाँति की अनुभूति होती है। यह एक अप्रतिरोधी ऊर्जा है। सुषुम्ना नाड़ी आध्यात्मिक ऊर्जा की वाहक है। जब साँस दोनों नसिकाओं से समप्रमाण में प्रवाहित होती है तो हम कहते है, कि सुषुम्ना सक्रिय है। सुषुम्ना कुंडलिनी की आध्यात्मिक शक्ति 'महाप्राण' की संचालक है। जब सुषुम्ना प्रवाहित होती है तब साधना के लिये सबसे उचित समय होता है। इस अवस्था में मन एकदम शांत और संतुलित होता है और ध्यानमग्न अवस्था में अपने आप पहुंच जाता है।

*सुषुम्ना नाड़ी और उसके चारों तरफ घूमते चक्र का आवर्धित रूप*

## सारांश में

**पिंगला**: दाँयी नासिका से ली हुई हर साँस के साथ, मेरुदंड के दाँयी ओर स्थित पिंगला से सकारात्मक विद्युत ऊर्जा का प्रवाह होता है। यह सौर ऊर्जा है और शरीर में उष्मा पैदा करती है।

**ईडा:** बाँई नासिका के द्वारा ली गई प्रत्येक साँस के द्वारा मेरूदंड की बाँई तरफ स्थित ईडा में नकारात्मक विद्युत ऊर्जा प्रवाहित होती है। यह चंद्र ऊर्जा है और शरीर में ठंडक उत्पन्न करती है।

**सुषुम्ना:** यह केंद्रीय प्रवाहिका है और सूक्ष्म शरीर में मेरुदंड के समान है। यह स्वर्णजड़ित स्तंभ की भाँति है। सभी नाड़ियाँ एवं चक्र इससे अपनी शक्ति प्राप्त करते हैं। जिस तरह रक्त वायु में से ऑक्सीजन ग्रहण कर उसका प्रसारण पूरे शरीर में करता है, उसी तरह प्राण को तंत्रिकातंत्र के सभी भागों तक पहुँचाकर उन्हें बल एवं स्फूर्ति प्रदान की जाती है। जब आप सही तरीके से साँस लेना सीखते है, तो आप अधिक मात्रा में जीवंत ऊर्जा अपने अंदर लेते हैं। ऋषि मुनि मनुष्य जीवन की अवधि उनकी उम्र से नहीं बल्कि जन्म से मृत्यु तक उनके द्वारा ली गई साँसो की संख्या से लगाते हैं।

चूँकि प्राण का वाहन साँस है, उन्होंने साँस लेने की ऐसी तकनीकें विकसित की जिनके द्वारा व्यक्ति के जीवन काल में वृद्धि हो और उस पर उनका प्रभुत्व स्थापित हो।

प्राण के विभिन्न पहलू प्राणायाम के द्वारा जाने जाते है। यह साँस लेने की ऐसी तकनीक है जिसके द्वारा शरीर में प्राण की मात्रा में कई गुना वृद्धि होती है और उसकी शक्ति बढ़ती है। प्राणायाम का विज्ञान साँस रोकने की तकनीक कुंभक पर आधारित है, जिसके परिणाम स्वरुप शरीर के अलग अलग हिस्सों मे मानसिक आवेग रूक जाता है; विचारों की लहरें नियंत्रित होती है और मानसिक बैचेनी कम हो जाती है। प्राण नामक सौर ऊर्जा अथवा जीवन प्रदान करनेवाला मूल तत्व चराचर में भरा हुआ है। इसके सतत् अस्तित्व से भिन्न भिन्न जड़ वस्तुओं में कम या ज्यादा शक्ति के कंपन तैयार होते हैं। अगर कोई पदार्थ सूक्ष्म है तो वैश्विक शक्ति के प्रति उसका विरोध कम और उसके कंपन तीव्र होते हैं। प्राण के प्रवाह पर अगर किसीने प्रभुत्व स्थापित कर लिया है तो उसके शरीर की सभी इंद्रियों का कार्य सुचारु रुप से चलता है। उसके विचारों में अस्पष्टता नहीं होती है। उसे किसी भी परिस्थिति की सही समझ होती है और वह उसे भलीभाँति संभाल सकता है। इस तरह प्रत्येक विचार, कार्य, और अभिव्यक्ति का उद्देश्य वह समझ सकता है।

## पाँच प्राण

स्वामी निरंजनानंद सरस्वती के अनुसार –

*''शरीर के संचालन को नियंत्रित करने हेतु प्राण शक्ति पाँच मुख्य प्राणों का रुप धारण करती है: प्राण, अपान, समान, उदान और व्यान। उपनिषद में प्राण वायु को 'अंतर्श्वास' भी कहा गया है। व्यान 'सर्वव्यापी साँस' है। प्राण अंतर्श्वसन है; अपान, उच्छश्वसन; समान, दोनो के वीच का समय, और उदान समान का ही विस्तृत रुप है। प्रत्येक वायु एक दूसरे पर आश्रित और एक दूसरे से जुड़ी हुई है।''*

**प्राण** – प्राण नामक उपप्राण का संबंध कंठनली और मध्यपट (डायाफ्राम) के ऊपरी हिस्से के बीच में स्थित शरीर के विशिष्ट अंग से होता है। यह हृदय और फेफड़ों की गतिविधियों को नियंत्रित करता है।

**अपान** – श्रोणि (पेल्वीक) क्षेत्र में नाभि और योनिमुख के बीच के भाग (पेरिनीयम) के मध्य में स्थित होता है। यह गुर्दे, मूत्राशय, आंत, उत्सर्जन और प्रजनन प्रणाली की गतिविधियों को नियंत्रित करता है।

**समान** – यह पसलियों और नाभि के मध्य मे स्थित होता है। यह प्राण और अपान की दो विपरीत शक्तियों को संतुलित करने का कार्य करता है। समान पाचन अंगो और उनसे निकले स्राव को नियंत्रित और क्रियाशील करता है।

**उदान** – भुजाओं, पैर और सिर में स्थित होता है। यह सभी संवेदनात्मक इंद्रियों एवं कार्यवाही के अंगो के लिये जिम्मेदार होता है। यह सहानुभूति और उसकी जैसी भावनाऐं उत्पन्न करनेवाली तंत्रिका तंत्र प्रणाली को – नियंत्रित करता है।

**व्यान** – पूरे शरीर को व्याप्त करने वाली जीवन शक्ति है और संचित ऊर्जा की भाँति कार्य करती है। यह आवश्यकता पड़ने पर अन्य प्राणों की सहायता करती है एवं उन्हें प्रोत्साहित करती है। यह सभी माँसपेशियों के संचालन एवं दूसरे प्राणों को नियमित एवं समायोजित करती है।

## पंच कोश

शरीर में पाँच कोश और छ: चक्र कुंडलिनी शक्ति का आधार है। इस शक्ति का प्रकटीकरण इन कोशों में होता है। यह पाँच कोश आत्मा का आवरण करनेवाले सुरक्षा कवच है।

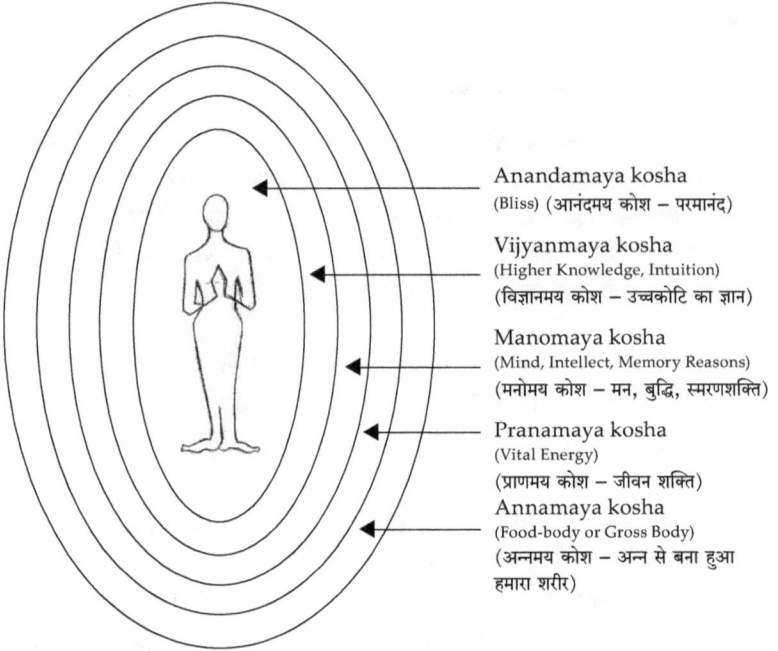

Anandamaya kosha
(Bliss) (आनंदमय कोश – परमानंद)

Vijyanmaya kosha
(Higher Knowledge, Intuition)
(विज्ञानमय कोश – उच्चकोटि का ज्ञान)

Manomaya kosha
(Mind, Intellect, Memory Reasons)
(मनोमय कोश – मन, बुद्धि, स्मरणशक्ति)

Pranamaya kosha
(Vital Energy)
(प्राणमय कोश – जीवन शक्ति)

Annamaya kosha
(Food-body or Gross Body)
(अन्नमय कोश – अन्न से बना हुआ
हमारा शरीर)

पंचकोश – पांचसुरक्षा कवच

1. **अन्नमय कोश (अन्न का आवरण / कोश)**

   सबसे बाहरी आवरण हमारा स्थूल शरीर अर्थात 'अन्नमय कोश' है।
   इसका विकास, मजबूती और आरोग्य हमारे द्वारा ग्रहण किये गये आहार
   पर – अन्न पर निर्भर करता है। इसलिए इसे 'अन्नमय कोश' कहते हैं।

2. **प्राणमय कोश (प्राणशक्ति का सुरक्षा कवच, जीवन शक्ति)**

   प्राणमय कोश यह प्राण, अपान, उदान, व्यान और समान इन पाँच
   प्राणशक्तियों से बना है। इन पंचप्राणों की सामूहिक शक्ति के कारण
   भौतिक शरीर एक ऐसे मुकाम पर पहुँचता है जहाँ उसमें शरीर को
   क्रियाशील करने की क्षमता आती है। प्राण के न होने पर शरीर मृत हो
   जाता है। सभी सूक्ष्म संवेदनाओं का आभास प्राणमय कोश के कारण
   होता है। प्राणमय कोश द्वारा होनवाली क्रियाओं में श्वास प्रश्वास एक
   प्रमुख क्रिया है।

3. **मनोमय कोश (मन का सुरक्षा कवच)**
   मन, बुद्धि, अहंकार और संचित विचार मिलकर मनोमय कोश की रचना करते हैं। यह अन्नमय कोश और प्राणमय कोश दोनों का नियंत्रक है। यह कोश चेतन और अवचेतन मन की बुनियाद है और अच्छे बुरे विचारों का भंडार है। बुद्धिका उचित उपयोग इस कोश पर निर्भर करता है। मनोमय कोश प्राणमय कोश के माध्यम से इंद्रियो का नियंत्रण करता है। इंद्रियो को ऊर्जा, स्फूर्ति और क्रियाशीलता प्रदान करना प्राणमय कोश का कार्य है किंतु क्या करना है और क्या नहीं, यह तय करना, मन का काम है। मन आदेश देता है और प्राण इंद्रियों के द्वारा सक्रिय हो जाता है।

4. **विज्ञानमय कोश (उच्चकोटि के ज्ञान का आवरण)**
   किसी भी विषय के मर्म अथवा तथ्य को समझने की शक्ति ज्ञानमय कोश में होती है।

5. **आनंदमय कोश (परमानंद का आवरण)**
   इस कोश में 'आत्मानंद' की अनुभूति होती है। आनंद की परम सीमा जिसे 'परमानंद' कहा जाता है वह स्थिति यहाँ पर अनुभव की जाती है।

स्वामी मुक्तानंद के अनुसार –

*"ये सभी बातें एक दूसरे से जुड़ी हुई और एक दूसरे पर निर्भर करती है। हमारी साधना द्वारा इन पाँच कोशों की व उनसे परे दिव्य आत्मा की अनुभूति हमें होनी चाहिये। प्रत्येक कोश की संरचना विभिन्न प्रकार के स्पंदनो की शक्ति से होती है। अन्नमय कोश में यह स्पदंन सबसे कम शक्ति के होते हैं। जैसे जैसे हम आगे के कोशों की तरफ बढ़ते हैं वैसे वैसे ये स्पदंन और भी तीव्र और सूक्ष्म होते जाते है। और अंत में वे पूर्णत्व में विलीन हो जाते हैं।"*

## चक्र और उनसे संबधित तत्व और कोश

1. सहस्त्रार चक्र (शीर्षकेंद्र) – ऐसा कहा जाता कि यहाँ पर सबकुछ है और कुछ भी नहीं (शून्य) है। यहाँ चेतना, सद्‌विवेक बुद्धि और प्राण एकत्रित होते है। इसका संबंध 'आनंदमय कोश' से होता है।
2. आज्ञा चक्र (तीसरी आँख) – यह मन से जुड़ा है और इसका संबंध विज्ञानमय कोश से है। (दिव्य ज्ञान, अंर्तज्ञान)
3. विशुद्धि चक्र (कंठ) – इसका संबध आकाशीय तत्व और विज्ञानमय कोश से है।

4. अनाहत चक्र (हृदय) – इसका संबध वायु तत्व और मनोमय कोश (मन, बुद्धि, स्मरणशक्ति) से है।

5. मणिपुर चक्र (नाभि) – इसका संबध अग्नि तत्व और प्राणमय कोश (जीवन शक्ति) से है।

6. स्वाधिष्ठान चक्र – इसका संबंध जल तत्व एवं प्राणमय कोश (जीवन शक्ति) से है।

7. मूलाधार चक्र (आधार) – इसका संबंध पृथ्वी तत्व एवं अन्नमय कोश (अन्नमय शरीर या ठोस शरीर) से है।

## तत्व

ब्रम्हांड और मनुष्य का मुख्य मूलतत्व 'महाप्राण' जिन पाँच घटकों से बना है उस प्रत्येक घटक को 'तत्व' कहते हैं। भौतिक शरीर जिन पाँच मुख्य घटकों से निर्मित होता है, उस प्रत्येक घटक को उपनिषद में तत्व कहकर संबोधित किया गया है। प्रत्येक तत्व के स्वंय के 'ऋण' और 'धन' ऐसे दो भाग होते हैं। प्रत्येक विचार और कार्यद्वारा इन तत्वों में तात्विक कंपन तैयार होते हैं। यह पाँचो तत्व शारीरिक, मानसिक, वैचारिक एवं आध्यात्मिक स्तर पर मानव शरीर में कार्य करते हैं। प्रत्येक तंत्रिका में होनेवाला प्रवाह उससे संबंधित तत्व द्वारा नियंत्रित किया जाता हैं।

भौतिक शरीर हमेशा सामंजस्य या असामंजस्य में बहती ऊर्जा से कंपित होता रहता है। यह कंपन हमारे तात्विक अवयवों के नियंत्रण की शक्ति के अनुरुप होते हैं जो कि हम प्राणायाम के अभ्यास के द्वारा प्राप्त करते हैं।

पाँच तत्व इस प्रकार है: (पंच महाभूत)

1. **आकाश तत्व:** यह तत्व सबसे अधिक सूक्ष्म होता है और इस तत्व के कारण हम सुन सकते हैं।

2. **वायु तत्व:** हम हमेशा जिसे 'हवा' कहकर संबोधित करते हैं। इस तत्व से हमें स्पर्शज्ञान होता है।

3. **तेज तत्व:** (अग्नि तत्व) इसके कारण हम देख सकते हैं।

4. **अपस तत्व:** जल तत्व जो स्वाद इंद्रिय को निर्देशित करता है।

5. **पृथ्वी तत्व:** भूमि तत्व जिससे हमें गंध की जानकारी होती है।

अध्याय छठा

# प्राणायाम: श्वसन क्रियाओं की तैयारी

*प्राणायाम का अभ्यास शक्तिशाली है।*
*दिये गये निर्देशों का सावधानीपूर्वक पालन करें।*

प्राणायाम हमारे दिमाग के दाँये और बाँये भाग अथवा धन और ऋण तत्व का संतुलन करता हैं। दिमाग का दाँयी तरफ का भाग यह सर्जनशील अथवा रचनात्मक होने के कारण 'सत्य' दर्शाता है। बाँयी तरफ का दिमाग तर्कसंगत होने के कारण माया/भ्रमित कल्पना दिखाता है। बाँये दिमाग में व्यक्तिगत अहंकार (मैं की प्रवृति) का समावेश होता है और दाँया भाग रचनात्मक विचार दर्शाता है। श्वसन क्रियाओं को आरंभ करने से पहले, एक सप्ताह तक केवल प्राणायाम का अभ्यास करें। इसके बाद श्वसन क्रियाओं का अभ्यास करें। इससे हमारा शरीर इन श्वसन क्रियाओं को करने के लिए तैयार होगा। इसलिए प्रथम श्वसन क्रिया आरंभ करने से पूर्व एक सप्ताह तक प्राणायाम का अभ्यास करना आवश्यक है।

प्रत्येक दिन सुबह, दोपहर, शाम व रात्रि को सोने से पूर्व, इस तरह चार बार प्राणायाम करें। (हर बार दो आवर्तन करें।) यह अभ्यास हम कहीं पर भी,

यातायात के सिग्नल पर रुकी हुई हमारी गाड़ी अथवा दफ्तर में बैठे बैठे भी कर सकते हैं। केवल सुबह हमें इसका अभ्यास उसी जगह पर करना है जिस जगह को हमने अपने श्वसन क्रिया के अभ्यास के लिये चुना है।

प्राणायाम का अभ्यास आरंभ करने से पहले शरीर को पूरी तरह से ढ़ीला छोड़ दें। आलथी-पालथी मार कर अथवा कुर्सी पर, मेरुदंड बिल्कुल सीधा पर तनावरहित व पीठ के पीछे कोई सहारा लिये बिना सीधे बैठें। हमारा सूक्ष्म शरीर हमारे स्थूल शरीर के करीब दो इंच की दूरी तक फैला हुआ होता है। विविध प्रकार के चक्र हमारे सूक्ष्म शरीर में होते हैं और इस कारण आगे झुककर या पीछे सहारा लेकर बैठने से ऊर्जा के स्वच्छंद प्रवाह में बाधा पड़ सकती है। आँखे बंद करें और चार पाँच बार लंबी साँस लें। प्राणायाम द्वारा हम – ईडा, पिंगला और सुषुम्ना नाड़ियों को शुद्ध करने का प्रयत्न कर रहें हैं।

## प्राणायाम करते हुए मन की आँखों के सामने देखने के दृश्य–

इस चित्र में हम देख सकते हैं कि जब हम साँस अंदर खींचते हैं तो अंदर आता 'प्राण' स्वच्छ रंग का होता है। पर जब हम साँस बाहर छोड़ते हैं तो बाहर जाने वाला 'प्राण' दूषित होकर काले रंग का हो जाता है।

*अंदर जाता और बाहर आता प्राण का प्रवाह।*

## प्राणायाम के अभ्यास की मुद्रा

चित्र. 1

चित्र. 2

चित्र. 3

चित्र. 4

चित्र. 5

चित्र. 6

### प्राणायाम का अभ्यास

1. चौकड़ी मारकर बैठें। बिना किसी तनाव या दर्द के, रीड की हड्डी को बिल्कुल सीधा रखें। वे लोग जो इस मुद्रा में आराम से नहीं बैठ पाते हैं, वे कुर्सी पर भी बैठ सकते हैं (बिना पीछे सहारा लिये) या आवश्यक होने पर खड़े भी रह सकते हैं। अपना दायाँ अँगूठा दाँयी नाक पर हल्के से रखें, अपनी सूचक और मध्यमा उंगली को भौहों के बीच (आज्ञा चक्र पर) रखें और अनामिका या तीसरी उंगली को बाँयी नासिका पर रखें।

2. दाँये अंगूठे से थोड़ा दबाव देकर दाँयी नासिका को बंद करे। अब बाँयी नाक से एक लंबी साँस अंदर खीचें। 1 से 4 तक की गिनती करते हुए साँस को भीतर लें। अनामिका से बाँयी नाक को हल्के से बंद करें। अंदर ली हुई साँस को मन में 16 तक गिनती गिनने तक रोक कर रखें। अब दाँयी नाक पर से अंगूठा हटाकर दाँयी नासिका से 8 तक गिनती गिनते हुए साँस बाहर छोड़ें। (गिनती मन में ही करनी है।)

3. अब अपनी बाँयी नाक बंद रखते हुए दाँयी नासिका से 4 तक गिनती गिनते हुए साँस भीतर लें (बहुत धीरे नहीं)। फिर से दाँयी नासिका को अंगूठे से हल्के से दबाकर बंद कर दें। साँस को 16 की गिनती तक भीतर रखें और फिर अनामिका को बाँयी नासिका पर से उठाकर 8 तक की गिनती गिनते हुए साँस को धीरे – धीरे बाहर छोड़ें। इस तरह से प्राणायाम का एक आवर्तन पूर्ण हुआ। इस तरह आपको दो आवर्तन पूर्ण करने हैं। अगर 4:16:8 का अनुपात हमें कठिन लगता है तो हम 2:8:4 के अनुपात में भी साँस अंदर लेना, साँस रोकना व साँस बाहर छोड़ना कर सकते है। यह अधिक सरल है। किसी भी वक्त जोर जबरदस्ती से किया गया साँस का व्यायाम हानिकारक साबित हो सकता है।

*जिन मूलतत्वों से शरीर की रचना हुई है, उन मूलतत्वों के वृत्ताकार वलय मेरे शरीर की प्रदक्षिणा करते हुए।*

हमारा शरीर जिन मूलतत्वों से बना है उन तत्वों से संबंधित वैश्विक शक्ति को हम अचूक श्वसन क्रिया द्वारा ग्रहण करते हैं। प्रत्येक लयबद्ध और सुसंगत साँस के साथ हम अधिकतम 'प्राणशक्ति' अपने भीतर लेते हैं। यह प्राणशक्ति ही सभी मूलतत्वों का गुणधर्म है। प्रत्येक साँस के साथ इस मूलतत्वों का पुर्नजीवन होता है।

दूसरी श्वसन क्रियाओं के अभ्यास के साथ साथ आप जैसे जैसे इस मार्गपर अग्रसर होंगे वैसे वैसे ईडा और पिंगला को विषाक्त पदार्थों से मुक्ति मिलेगी और केंद्रीय सुषुम्ना नाड़ी कार्य करना आरंभ कर देगी। इसका अर्थ यह है कि सुषुम्ना नाड़ी में से साँस के प्रवाह का मार्ग प्रशस्त होगा।

अध्याय सातवाँ

# श्वसन क्रिया

## आठ आध्यात्मिक श्वसन क्रियाएँ

1. स्मृतिवर्धक श्वसन क्रिया
2. उत्साहवर्धक श्वसन क्रिया
3. प्रेरणादायक श्वसन क्रिया
4. शारीरिक पूर्णत्व श्वसन क्रिया
5. चुंबकीय श्वसन क्रिया
6. शुद्धिकारक श्वसन क्रिया
7. तारुण्यवर्धक श्वसन क्रिया
8. आपकी अपनी आध्यात्मिक श्वसन क्रिया

यह अभ्यासक्रम शुरु करने से पहले आपको एक दृढ संकल्प लेना होगा कि आप यह पाठ्यक्रम किसी भी हालत में पूरा करेंगें। पूर्ण समर्पण से की हुई साधना ही साधक को उसके निश्चित ध्येय तक पहुँचा सकती है। अगर आपकी साधना अनियमित और खंडित होगी तो उससे प्राप्त लाभ भी अधूरे होंगे। अगर साधक अपनी साधना नियमित रुप से करते हैं तो प्रत्येक श्वसन क्रिया को 7-7 बार करने की क्षमता भी उनमें अपने आप विकसित होगी। इस प्रकार से साधना करने में साधारणतया 45 मिनिट से 1 घंटे का समय लगता है। उसके बाद करीब आधा घंटा ध्यान और समर्थन वाक्यों के लिये चाहिये। जहाँ तक संभव हो सके, वहाँ तक इन आध्यात्मिक समर्थन वाक्यों को पूरे भाव के साथ उनका आशय समझते हुए मन मे धीरे-धीरे दोहराना है।

यहाँ दी गई श्वसन क्रियाओं के अभ्यास द्वारा आप अधोगामी (ऊपर से नीचे बहनेवाली) शक्ति का अनुसरण करेंगे। पहली चार श्वसन क्रियाओं द्वारा

1) सहस्त्रार 2) आज्ञा 3) विशुद्धि 4) अनाहत 5) मणिपुर 6) स्वाधिष्ठान 7) मूलाधार इन सात चक्रों का शुद्धिकरण होता है। यहाँ पर प्रथम चार चक्रों के शुद्धिकरण के पश्चात ही अधोगामी शक्ति का ऊपर से नीचे की ओर प्रवाह होना आरंभ होता है।

'श्वसन क्रिया और उनके समर्थन वाक्यों' की संयुक्त पद्धति के उपयोग से चक्रों मे होनेवाले भावनात्मक और मानसिक अवरोध अपने आप दूर हो जाते हैं। परिणामस्वरुप इस शक्ति का प्रवाह सहज और बिना अड़चनो के होने लगता है जिससे कि नीचे के भाग के चक्र यानि कि मणिपुर, स्वाधिष्ठान और मूलाधार चक्र जागृत होते हैं। अब यह प्रबल शक्ति जब नीचे से ऊपर की ओर बढ़ना आरंभ करती है तो किसी भी चक्र में उसके फँसने की संभावना कम हो जाती है।

जब आप रोज नियमित रुप से साधना करेंगें तो पायेंगे कि योग्य श्वसन के कारण आपके शरीर की सभी शारीरिक क्रियाएँ भी अचूक तरीके से हो रही हैं। फेफड़ों को विस्तारित करती हुई ठीक मात्रा में ली गई वायु प्रत्येक माँसपेशी, नस और हड्डी तक नहीं पहुँच पाती है। पर हवा में एक सूक्ष्म शक्ति निहित है जिसे प्राण कहते हैं और वह सर्वत्र पहुँच पाती है।

समर्थन वाक्यों को याद कर उन्हे बार बार दोहराना आवश्यक है। इससे वे विचार आपके सुप्तमन में गहराई से पैठ जाते हैं। इन समर्थन वाक्यों का मर्म शायद आपको अभी समझ ना आये और ये आपको निरर्थक लगे किंतु समयापुरांत यह पहेली जरुर सुलझेगी। अभी आपको केवल इनका संदेश अवचेतन मन तक पहुँचाना है। जिस प्रकार छोटे बच्चे पाठशाला जाते हैं और कक्षा में शिक्षक द्वारा सिखाई गई बातों पर पूरा विश्वास करते हैं और उसी विश्वास के आधार पर बड़े होकर नयी ऊँचाईओं को छूते हैं, उसी प्रकार इन श्वसन क्रियाओं की साधना में आपको जो कुछ बताया व सिखाया जा रहा है उस पर पूर्ण विश्वास रख आप अपनी साधना करें। मन में आनेवाली शंकाओं, प्रश्न और डर इत्यादि को ताक पर रख, शुद्ध स्वच्छ मन से आपको बताई गई बातों पर विश्वास करें और उन्हे अपनाये। हमारा जीवन वैश्विक व नैसर्गिक नियमों पर आधारित है। बिजली, प्रकाश, गुरुत्वाकर्षण और चुंबकत्व के अचूक नियमों के अनुसार ही हमारा भी जीवन चलता है। यह शक्ति हमें दिखती नहीं हैं फिर भी इसके परिणाम हम जानते हैं और इस शक्ति के अस्तित्व को नि:संशय स्वीकृति देते हैं।

इन श्वसन क्रियाओं और उनके समर्थन वाक्यों की रचना एक विशिष्ट क्रम में की गई है जिससे कि साधक एक संपूर्ण सुसंगत पवित्र चेतना के पथ पर अग्रसर हो सके। जिस क्रम में यह श्वसन क्रियाएँ और उनके समर्थन वाक्य दिये गये हैं उनका अभ्यास भी उसी क्रम में करना चाहिये। यह मुद्‌दा अतिशय महत्वपूर्ण है क्योंकि प्रत्येक श्वसन क्रिया द्वारा, जिस जिस नाड़ी से प्राण बहता है उस नाड़ी के सभी अवरोध नष्ट होकर वे शुद्ध होती हैं और प्राण का प्रवाह सरल होता है। इस तरह से जब सूक्ष्म शरीर की नाड़ियों में प्राणशक्ति का प्रवाह स्वच्छंदता से होने लगता है तो स्थूल शरीर में रक्त का प्रवाह भी अबाध्य रुप से सुनियंत्रित होकर होने लगता है। प्राणशक्ति का अबाध्य रुप से संचारण हो सकने के उद्‌देश्य से ही एक विशिष्ट क्रम में इन आठ श्वसन क्रियाओं की रचना की गई है। श्वसन क्रियाओं का क्रम गड़बड़ाकर उन्हे करने से प्राणशक्ति का प्रवाह खंडित होकर शारीरिक व मानसिक अस्वस्थता की स्थिति पैदा होने की संभावना है।

इन आठ श्वसन प्रकारों में से 'चुंबकीय श्वसन क्रिया' यह मध्यबिंदु है। इस श्वसन क्रिया से आगे बढ़ने पर, अगली श्वसन क्रियाओं में मणिपुर चक्र, स्वाधिष्ठान चक्र और मूलाधार चक्र की जागृति पर अधिक ध्यान दिया जाता है। ऊपर ऊपर से सभी श्वसन क्रियाएँ एक सी लगती है। फिर भी शारीरिक और मानसिक स्तरों पर उनके परिणाम बिल्कुल भिन्न होते हैं। प्रत्येक श्वसन क्रिया के माध्यम से इस शक्ति का प्रकटीकरण और संतुलन भिन्न भिन्न रुपों में होता है। प्रेरणादायक श्वसन क्रिया के कारण होनेवाली शारीरिक प्रक्रियाएँ स्मृतिवर्धक श्वसन क्रियाओं के दौरान होनेवाली प्रक्रियाओं से भिन्न होती हैं। इसी तरह हम दूसरी श्वसन क्रियाओं के बारे में भी कह सकते हैं। प्रत्येक श्वसन क्रिया से होने वाली प्रकिया को साधक को बारीकी से परखना चाहिये। प्रत्येक श्वसन क्रिया के बाद कहे जानेवाले उसके समर्थन वाक्यों में उसकी अपनी एक शक्ति निहित होती है। इसलिए उन्हे यादकर चेतनापूर्वक उनका उच्चारण करें।

जब हम गुरुजनों द्वारा दिये गये क्रम का पालन कर साधना करते हैं तो हमारी प्रज्ञा हमें अपने ध्येय तक पहुँचाती है। साँस यह प्राणशक्ति का वाहन है। अभ्यास के दौरान आप साँस पर पूर्ण विश्वास रखें और अपने मार्ग पर वह जिस प्रकार स्वच्छंदता से बहती है वैसे उसे बहने दें। इससे आपकी साधना बिना व्यवधान के आगे बढ़ेगी। अपने मन के अनुसार साँस के वहन में किसी

भी प्रकार की जोर जबरदस्ती ना करें। अपने अंदर निहित दिव्य शक्ति पर यह भार छोड़ दें। दिव्य प्रेरणा को यह भलीभाँति पता है कि आपके लिए क्या योग्य है। वह प्रज्ञा ही आपका सही मार्गदर्शन करेगी। साँस और प्रज्ञा द्वारा आपको आवश्यक मार्गदर्शन जरुर दिया जायेगा।

स्वामी के. एस. रामनाथन् के अनुसार –

*''हम यह जानते हैं कि हमारा जीवन प्रकृति के अदृश्य नियमों पर आधारित है। अदृश्य होते हुए भी उनके अस्तित्व को हम स्वीकारते हैं और यह भी जानते है कि वे नियम कितने शक्तिशाली हैं। किसी ने भी गुरुत्वाकर्षण या बिजली (इलेक्ट्रीसीटी) को आँखो से नहीं देखा है। पर उनके परिणामों से हम भलीभाँति परिचित है। चुंबकीय शक्ति को किसी ने भी देखा नहीं है पर कम्पास की सुई उत्तरी ध्रुव की तरफ आकर्षित होती है, यह देखा है। हम साँस लेते हैं किंतु जिस शक्ति के कारण साँस लेने की प्रक्रिया होती है, उस शक्ति को किसी ने नहीं देखा है। जब हम यह श्वसन क्रियाएँ करते हैं तब इस शक्ति के उद्‌गमस्थान अर्थात प्रशाँति तक जाते हैं और इस प्रशाँति के द्वारा महान ज्ञान के भंडार में से ही हमारा ज्ञान धीरे धीरे प्रस्फुटित होगा।''*

प्राणायाम से आरंभ कर, इन आठों श्वसन क्रियाओं का उनके समर्थन वाक्यों सहित रोजाना अभ्यास करना चाहिये। एक रात में परिवर्तन नहीं हो सकता। आपको थोड़ा धैर्य रखना होगा। अभ्यास में जल्दबाजी ना करें, उसे शाँति और सुचारु रुप से करें। नियमित और अखंडित अभ्यास से कुछ ही दिनों में परिणाम दिखाई देखा। हमारे शरीर को विशिष्ट परिणाम प्राप्त हो, इस उद्‌देश्य से प्रत्येक श्वसन क्रिया अगली श्वसन क्रिया में कड़ी की भाँति जुड़ती जाती है। हालाँकि यह श्वसन क्रियाएँ हम शारीरिक स्तर पर करते हैं इनका प्रभाव सूक्ष्म स्तर पर पड़ता है। हमारा शरीर एक आध्यात्मिक साधन है, परमेश्वर का पवित्र मंदिर है, ऐसा दृष्टिकोण साधकों को रखना चाहिये और अत्यंत पवित्र मन से श्रद्धापूर्वक यह अभ्यास करना चाहिये।

इन आठ श्वसन क्रियाओं और उनके समर्थन वाक्यों द्वारा आपको शारीरिक, मानसिक व आध्यात्मिक स्तर पर संतुलन का बोध होगा। इन श्वसन क्रियाओं में बढ़ोतरी बहुत धीरे धीरे करें।

पहली श्वसन क्रिया 'स्मृतिवर्धक श्वसन क्रिया' का अभ्यास पहले कुछ दिनों तक 7 बार करें। फिर धीरे धीरे 49 बार ($7 \times 7$) करें। बाकी सभी 7 श्वसन क्रियाऐं शुरुआत में 2-2 बार कर धीरे धीरे 7 बार करें। प्रत्येक श्वसन क्रिया के समर्थन वाक्य श्वसन क्रिया को करने के पश्चात तुरंत करें।

अभ्यास करते हुए इस बात का पूरा ध्यान रखें कि उन्हे, दिये गये क्रमानुसार ही करना है क्योंकि वे सभी कड़ियों की भाँति एक दूसरे से जुड़ती है। जहाँ तक संभव हो इन श्वसन क्रियाओं को ब्रम्हविद्या के शिक्षक के मार्गदर्शन में सीखें। अगर साधक खुद के बलबूते पर अकेला अभ्यास कर रहा है तो जब भी उसे किसी भी प्रकार की बैचेनी महसूस हो, उसे अपना अभ्यास बंद कर देना चाहिये। इसका अर्थ यह हो सकता है कि उसके साँस लेने के तरीके में या किसी व्यायाम की मुद्रा में कोई चूक है।

साँस हमारा जीवन है। अगर हम अपनी साँस को समझ लें तो हम स्वयं को भी समझ पायेंगें।

अध्याय आठवाँ

# समर्थन वाक्य

'समर्थन वाक्य' अर्थात हम जो कहते हैं या जो करते हैं। ऐसा कुछ कि जिसका हम सतत् विचार करते हैं, केवल विचार ही नहीं करते बल्कि उसे करने का पक्का निर्णय व निश्चय करते हैं और उस विचार का अनुभव प्राप्त करते हैं। अधिकांशत: हम जो कुछ भी कहते हैं या जिसका विचार करते हैं वह नकारात्मक होता है और इस कारण हमें होनेवाले अनुभव भी नकारात्मक अनुभव और अभावपूर्ण होते हैं। हमारे इन नकारात्मक अनुभवों को बदलकर सकारात्मक करने के लिये हमें अपने विचारों की दिशा को बदलकर सकारात्मक विचार सोचने की आदत डालनी होगी। मन के बताये रास्ते पर चलने के बदले हमें उसे रास्ता दिखाना होगा। जिस प्रकार घुड़सवार घोड़े की लगाम अपने हाथ में रखकर उसे जिस दिशा में चाहे वहाँ ले जाता है और उसे पूरी तरह अपने काबू में रखता है उसी तरह मन को पूरी तरह से अपने वश में रखना आवश्यक है। इसके लिए सख्त अनुशासन और कड़े अभ्यास की आवश्यकता है। दूसरे शब्दों में कहा जाए तो हमें अपने विचार व्यक्त करते वक्त शब्दों का चुनाव सावधानीपूर्वक करना चाहिए। इससे अवांछित से छुटकारा प्राप्त होगा और वांछनीय प्रकट होगा।

हमारी कई धारणायें एवं अंधविश्वास हमारी संचित विचारधारा के साँचे में ढली हुई हैं और वहीं से उनकी उत्पत्ति होती है। हम बचपन से इन्हें अपने जीवन में अंर्तग्रहित करने लगते हैं और जीवन के किसी मोड़ पर आगे चलकर हमें उनके खोखलेपन का अहसास होता है। शायद वे हमारे दादा-परदादा के जमाने में सही था किंतु अब उनका कोई उद्देश्य नहीं रह गया। मेरी दादी माँ मुझे कहती थी कि रात में नाखून काटना अशुभ होता है। वह यह समझना ही नहीं चाहती थी कि अब बिजली होने के कारण नाखून के बदले अंगुली काटने का डर नहीं है। हमारी प्रगति के रास्ते में आनेवाली ऐसी सभी निरर्थक

धारणाओं को हमें सोचसमझकर त्याग देना चाहिए। अगर हम निरंतर अपने जीवन में अभाव का समर्थन या उसकी अभिव्यक्ति करेंगे फिर चाहे वह धन का अभाव हो या रिश्तों का या और किसी भी चीज का तो हम उस अभाव को ही अपने जीवन में प्रकट करेंगे।

हम अब विचारों के एक ऐसे मुकाम पर आ पहुँचे हैं कि जहाँ यह भलीभाँति समझ चुके हैं कि हमारी सोच ही हमारे जीवन का निर्माण करती है। रातोंरात यह परिस्थिति बदली नहीं जा सकती। इसके बदलने के लिये मन को पर्याप्त मात्रा में सकारात्मक विचारों से भरना होगा कि जिससे नकारात्मक विचार निष्प्रभ हो जायें अथवा स्वयं ही निष्कृत हो जायें। हर रोज सुबह नये दिन की शुरुआत करने से पहले 'हमारा दिन उत्तम एवं आनंदमय होगा और सबकुछ अच्छा होगा' इस तरह का विचार करना चाहिये।

नील डोनाल्ड वॉल्श के अनुसार –

*''अब आप अपने द्वारा उच्चारित शब्दों के माध्यम से वर्तमान से आगे बढ़कर इन समर्थन वाक्यों द्वारा भविष्य घड़ने का कार्य करते हैं। अगर आप कहते हैं कि ''मुझे चाहिये... अथवा मुझे मिलना चाहिये... 'तो इसका तात्पर्य यह है कि आप सदैव भविष्य में ही रहेंगें। आपको कहना है कि, ''मुझे मिला है''। जिस प्रमाण में आप अपनी विचारधारा में परिवर्तन लायेंगें उसी प्रमाण में आपके जीवन में सब कुछ बदलने लगेगा। यह 'विचारों की शक्ति' है।''*

लुईस एल् हे के अनुसार –

*''आपके विचार केवल शुद्ध स्पंदन हैं, वे आपके अनुभवों की रचना कर सकते और करते हैं।''*

आप एक जिज्ञासु साधक हैं। अपनी शंकाओ का समाधान करने की आपकी इच्छा है। श्वसन क्रिया के यह आठ प्रकार और उनके समर्थन वाक्यों की रचना इस प्रकार की गई है ताकि आपकी शंका का निवारण हो सके। आप सभी साधकों में से कुछ साधकों की प्रगति तेजी से तो कुछ की थोड़ी धीरे हो सकती है। निष्ठा और गंभीरता से अभ्यास करनेवाले साधक को इस मार्ग पर आगे बढ़ते हुए परिणाम अवश्य प्राप्त होंगें। इन सभी समर्थन वाक्यों का उच्चारण भावपूर्ण रुप से और मन से करना चाहिये। स्वामी रामनाथन् हमें बताते है कि हमारे दैनिक जीवन में पहले हम कुछ सोचते हैं, फिर वह संभव है

ऐसा महसूस करते हैं और फिर उसे पूरा करने के लिये उस पर कार्य करते हैं। अर्थात – सोचना, महसूस करना और अंततः कार्यवाही करना। उनमें सबसे महत्वपूर्ण हैं 'महसूस करना'। सभी समर्थन वाक्यों का भावपूर्ण तरीके से उच्चारण करना अत्यंत आवश्यक है। उन्हें केवल तोते की भाँति रटने से कोई भी लाभ नहीं होगा। हम जो कुछ भी पाना चाहते हैं वह संभव है ऐसा हम महसूस करते हैं। इस भाव को केवल दिमागी तौर पर नहीं किंतु हमारे मन में भी दृढ़ता से प्रस्थापित करना होगा। केवल 'हमें ऐसा लगता है कि जो हम चाहते हैं वह यथार्थ हो सकता है' से कुछ नहीं होगा किंतु 'हम जानते हैं कि जो हम चाहते हैं वह यथार्थ हो सकता है' यह भाव विकसित करने की आवश्यकता है। क्या आपको उपरोक्त दोनों वाक्यों में अंतर महसूस हुआ ?

प्राणायाम और श्वसन क्रिया व उनके समर्थन वाक्यों की अपेक्षित संख्या का अभ्यास कर लेने के पश्चात आप 10 मिनटों तक शांत एवं स्थिर बैठें और बारीकी से अपनी अंदर आती और बाहर जाती साँस को निहारें।

'यू कॅन हील योर लाईफ' इस पुस्तक की लेखिका लुईस एल हे स्पष्ट करती है कि हमारी मान्यताएँ हमारी बचपन में सीखी हुई आदतों का परिणाम है। इसमें से कुछ मान्यताएँ हमारी उन्हीं आकांक्षाओं के मार्ग में बाधा डाल सकती है जिन्हें हम पूरा करना चाहते हैं। हमें अपने विचारों पर ध्यान देकर ऐसे सभी विचारों से मुक्ति पानी चाहिये जो हमारे प्रगति के मार्ग में रोड़ा बन रही है। समर्थन वाक्यों का अर्थ है – चेतनापूर्वक उन शब्दों का चुनाव जिससे कि जीवन में अवांछित से मुक्ति मिले या वांछित की प्राप्ति हो।

अध्याय नौवाँ

# 1. स्मृतिवर्धक श्वसन क्रिया

आज से आप श्वसन क्रियाओं का पहला प्रकार सीखनेवाले हैं। उत्साह से भरे हुए, तुरंत लाभ पाने की आशा से, जल्दबाजी में यह अभ्यास ना करें। सावधानीपूर्वक शुरुआत करें। कृपया इस बात का ध्यान रखें कि अगर इस तरह से आप जल्दबाजी करेंगे तो आपके फेफड़े, हृदय और अन्य इंद्रियाँ ही नहीं बल्कि आपकी संपूर्ण तंत्रप्रणाली पर तनाव पड़ने की संभावना है। खूब जोरों से श्वाच्छोश्वास ना करें अथवा क्षमता से अधिक ज्यादा देर साँस को रोक कर ना रखें। आवश्यकता है धैर्य और लगन की। अपितु शुरुआत में आपको किसी भी प्रकार का फर्क महसूस ना हो किंतु स्थूल रुप के साथ-साथ सूक्ष्म स्तर पर भी आपकी प्रगति हो रही है। सबसे पहली मूलभूत आवश्यकता है कि, अभ्यास के दौरान आप इस तरह से सहज हो कर बैठें कि शरीर में कहीं पर भी किसी भी प्रकार का तनाव महसूस ना हो और साँस में किसी भी प्रकार का विघ्न ना आये। प्रथम माह के पश्चात जब आप ध्यान धारणा में बैठेंगे तो आपको धीरे धीरे प्राप्त होनेवाले नवीन ज्ञान के प्रति उत्सुकता प्रतीत होगी। अगर आप एक सच्चे साधक हैं तो आपके अंदर होनेवाले परिवर्तन का बोध होने से पूर्व ही आप यह जान जायेंगे कि यह अभ्यासक्रम इस कहावत का अनुसरण करता है:

*''माँगो और वह तुम्हें दिया जायेगा; ढूंढ़ो और वह तुम्हें मिलेगा; खटखटाओ और तुम्हारे लिये दरवाजा खुल जायेगा क्योंकि जो भी माँगता है, पाता है; जो ढूंढ़ता है, उसे मिलता है; और उसके लिए जो खटखटाता है, दरवाजा जरुर खुल जाता है।''*
*– मेथ्यु 7:7*

यह श्वसन प्रक्रिया हमारी स्मरणशक्ति को शुद्ध करती है। नकारात्मक व कमजोर विचारों को निकालकर स्मरणशक्ति को स्पष्टता और शुद्धता प्रदान करती है।

# स्मृतिवर्धक श्वसन क्रिया की मुद्रा

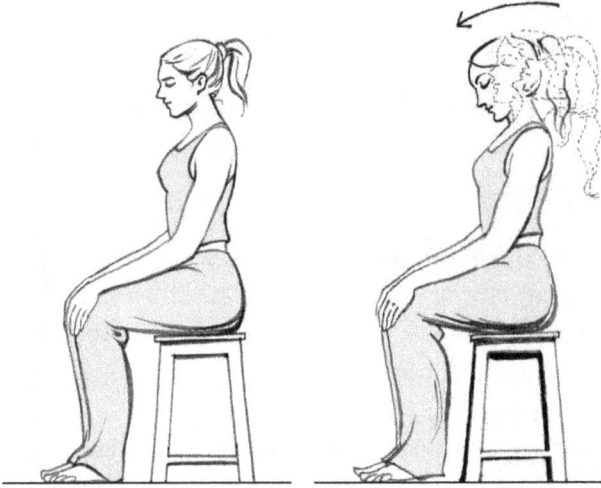

चित्र. 1 चित्र. 2

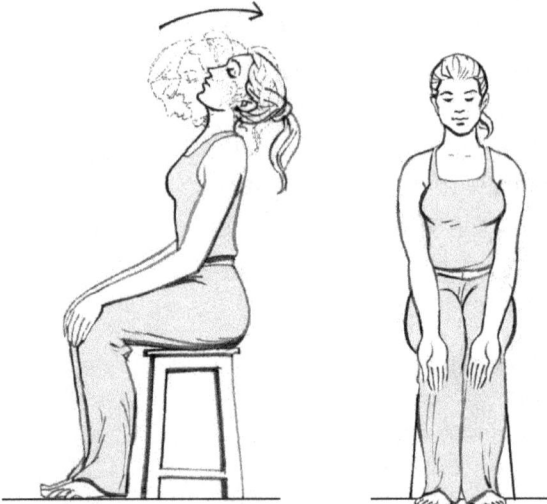

चित्र. 3 चित्र. 4

टिप्पणी: यह श्वसन क्रिया शक्तिशाली है। कृपया दिये गये निर्देशों का पालन सावधानीपूर्वक करें।

## स्मृतिवर्धक श्वसन क्रिया की विधि

कुर्सी या स्टूल पर सीधे बैठें। रीढ़ की हड्डी को बिल्कुल सीधा रखें। हाथों को जंघा पर रखें, हथेलियों को नीचे की ओर। एड़ियाँ एक दूसरे से जुड़ी हुई होनी चाहिये। दोनो पंजो में थोड़ा सा अंतर होना चाहिये। कंधो को तनावमुक्त रखें (ऊपर की ओर खिंचे हुए नहीं) और गर्दन में किसी भी प्रकार का खिचांव ना हो।

इस स्थिति में बाकी के शरीर को हिलाये बिना और गर्दन में किसी प्रकार का तनाव न आने देते हुए सिर को सावधानी से पीछे की ओर ले जायें। अब फिर से सिर को सावधानी से आगे की और ठोड़ी गर्दन को छूने तक नीचे लाये।

1. नाक से साँस अंदर लेते हुए सिर को पीछे ले जायें।

2. पूरी तरह साँस अंदर ले लेने के पश्चात सिर को धीरे धीरे आगे की तरफ नीचे लायें और इस वक्त अंदर ली हुई साँस को दाँतो के मध्य से बाहर की तरफ छोड़ते हुए छीऽऽऽ ऐसी आवाज निकालें।

3. इसी प्रकार सिर को पीछे की तरफ ले जाते हुए नाक से साँस अंदर ले और दाँतो से जोरों से साँस बाहर निकालते हुए धीरे धीरे सिर को नीचे की तरफ लायें। इस तरह से 7 बार बिना रुके सिर को पीछे व आगे लाने की क्रिया करें।

कुछ क्षणों के लिये शांत बैठे और शरीर में होती संवेदनाओं का बारीकी से निरीक्षण करें। इसके पश्चात फिर से 7 बार यह क्रिया करें और फिर से कुछ क्षणों के लिये शांत बैठें। इसके पश्चात हर बार 7 बार, इस तरह से कुल $7 \times 7 = 49$ बार यह क्रिया करें। (सिर को पीछे ले जाकर फिर से आगे की तरफ नीचे आना यह एक आवर्तन हुआ) इस श्वसन क्रिया की थोड़ी आदत हो जाने पर 14, 14, 14 और 7 इस प्रकार श्वसन क्रिया करें। हर बार थोड़ी विश्राँति ले और अगली 14 बार यह क्रिया करें।

इस बात पर पूरा ध्यान दें कि यह श्वसन क्रिया करते वक्त आप कुर्सी का सहारा ना लें और आपकी पीठ सीधी सरल रहे। यह एक लयबद्ध तरीके से करनेवाली श्वसन क्रिया है। सिर को धीरे धीरे पीछे और आगे बिना कोई झटका

दिये हुए, एक दोलक की भाँति हिलाना है। सिर पीछे की तरफ ले जाते हुए धीरे–धीरे इस तरह से ले जाना है कि साँस लेने की प्रक्रिया प्रश्वास करते करते शुरु हो जाये और प्रश्वास पूरा होने तक फिर से आगे और नीचे की तरफ आ जायें। आगे आने तक में प्रश्वास पूरा कर लेना है। इस बात का ध्यान रखें कि सिर को पीछे की तरफ ले जाते हुए साँस नाक द्वारा लेनी है और जब सिर को आगे की तरफ नीचे लाते है तब प्रश्वास मुँह से करना है। सिर को पूरी तरह से पीछे ले जाना और फिर से पूर्ण रुप से आगे लाना अर्थात एक आवर्तन पूर्ण हुआ। पहले सप्ताह आप यह केवल 7 बार करें। दूसरे सप्ताह 14 से बढ़ोतरी करें। अर्थात कुल 21 बार आवर्तन होगें। फिर समर्थन वाक्य कहें। ऐसे करते करते आप 49 बार यह व्यायाम करें। अंतिम प्रश्वास के साथ फिरसे एक बार साँस अंदर लें और हाथों को घुटनों पर रखें, हथेलियाँ ऊपर की तरफ हो। अब आँखें बंदकर श्वसन क्रिया के समर्थन वाक्यों का मन में उच्चारण करें।

कुछ दिनों के पश्चात जब आप इस साँस की लयबद्ध दोलक जैसी प्रक्रिया में निपुण हो जायेंगें तब आप इस व्यायाम को बिना रुके एक बार में ही 49 बार कर पायेंगें।

# समर्थन वाक्य एवं मानसिक चित्रण

*मैं अपने मस्तक पर दिव्य प्रकाश देख रहा हूँ।*

## स्मरण करने हेतुः

*"मैं अब अपने मस्तक के ऊपर एक दिव्य प्रकाश की कल्पना कर रहा हूँ। मेरा सिर भारी एवं तनावमुक्त है। मस्तक तनावमुक्त है। आँखे भारी व तनावमुक्त है, मेरे चेहरे के स्नायु तनावरहित है। दाँतो पर कोई दबाव नहीं है, जबड़ा शिथिल हो गया है। मेरी भुजायें एवं हाथ अत्यंत भारी हो गये हैं। किंतु... मुझे फिर भी आनंद का बोध हो रहा है। मुझे सर्वज्ञ आनंद ही आनंद प्रतीत हो रहा है। विशेष तौर पर मेरे चेहरे पर! मेरा सुंदर चेहरा आनंद से ओतप्रोत हो रहा है, मेरा पूर्ण शरीर मेरी मुस्कराहट की लहरों से ओतप्रोत होता हुआ महसुस हो रहा है। मुझे एक कोमल सा दबाव शरीर के भीतरी भाग से मेरी सारी चिंता, सोच, परेशानियाँ, डर सभी को बाहर की तरफ ले जाता हुआ प्रतीत हो रहा है। मैं अपने अस्तित्व के कणकण में आनंद महसूस कर रहा हूँ।*

*"अब प्रकाश नीचे आ रहा है। नीचे आते हुए इस प्रकाश से मेरी छाती हल्की और पेट ढ़ीला महसूस होता है। यह प्रकाश अब मेरे पैरों की उंगलियों तक जा रहा है। मेरा पेट शिथिल हो गया है ।*

*''अब मैं उस प्रकाश की कल्पना अपनी गर्दन के पीछे के भाग में कर रहा हूँ। मैं अपने सुंदर मेरुदंड को देखता हूँ और मुझे ऐसा प्रतीत होता है मानो मैं एक भव्य झरने को निहार रहा हूँ – जिस पर सूर्य की किरणें खेल रही है। मैं दिव्य प्रकाश के अनगिनत लघु कणों को देख रहा हूँ और मुझे ऐसा अहसास हो रहा है जैसे कि मेरा पूरा शरीर रोशनी से भर गया है।*

*''अगर आपके पास एक दिव्य दृष्टि है'', दिव्य दृष्टि जो शाश्वत है, आध्यात्मिक है, जिस दृष्टि से मैं देख रहा हूँ।...*

*''अगर आपके पास दिव्य दृष्टि है तो आपका पूरा शरीर रोशनी से प्रज्वलित होगा।*

*''मैं यह जानता हूँ कि मेरे शरीर के असंख्य, अनगिनत कोशाणुओं में प्रत्येक कोशाणु एक प्रकाश, एक दिया, एक मशाल बनकर मेरे अंदर उस पवित्र ज्ञान का प्रकाश लाता है। वह प्रकाश जो एक ज्योती से एकरुप है, वह ज्योति जो अग्नि से एकरुप है... मेरे अंर्तमन में बसी दिव्य प्रेम की वह अग्नि।*

*''अब आनंदपूर्वक आभार मानते हुए, खुद को बिना जनाये, मैं एक हल्की सी साँस लेता हूँ और एक लंबा सा व्यापक नि:श्वास।*

*''और अब मैं एक छोटी सी साँस लेता हू और फिर तुरंत नि:श्वास।''*

## श्वसन क्रिया और समर्थन वाक्य का प्रभाव

आप देखेंगे कि पूर्ण श्रद्धा और नियमित रुप से अभ्यास करने पर आपको शारीरिक स्फूर्ति, सतर्कता, मानसिक चपलता, उत्साह और बलवान चरित्र प्राप्त होगा।

आपके द्वारा सीखी जा रही श्वसन क्रियाओं में से 'स्मृतिवर्धक श्वसन क्रिया' एक अद्‌भुत क्रिया है। इससे गले एवं गर्दन की ग्रंथियों का व्यायाम होता है। गर्दन के पीछे की माँसपेशियाँ और हड्डियाँ चिकनी (स्निग्ध) बनती है। इस एक प्रकार से भी आपको अनगिनत फायदे होंगें।

## चक्रों का शुद्धिकरण और जागरण

इस श्वसन क्रिया के अभ्यास द्वारा आप एक महत्वपूर्ण दौर में प्रवेश कर रहें हैं। इसका अर्थ यह है कि अब आप अधोगामी बहनेवाली शक्ति के मार्ग का अनुसरण करेंगें। यानि कि सहस्त्रार केंद्र से आज्ञा, विशुद्धि, अनाहत, मणिपुर, स्वाधिष्ठान और मूलाधार की तरफ ऊपर से नीचे जानेवाली शक्ति के मार्ग पर चलेंगें। यह मार्ग पारंपारिक मार्गों से भिन्न है क्योंकि पारंपारिक मार्ग में शक्ति सबसे नीचे स्थित मूलाधार चक्र से प्रारंभ होकर ऊपर की दिशा में प्रवाहित होती है।

इस श्वसन क्रिया द्वारा सभी चक्रों का शुद्धिकरण होता है और सहस्त्रार, आज्ञा व विशुद्धि चक्रों की कार्यशक्ति बढ़ती है।

### सहस्त्रार केंद्र के स्पंदन

*कभी कभी जब सहस्त्रार केंद्र जागृत होता है तो उसके परिक्रमण से स्पदंन आरंभ होते हैं जो पंखुड़ियों की भाँति दिखनेवाली किरणों के रुप में विक्षेपित होते हैं।*

सहस्त्रार केंद्र: सहस्त्रार का संबंध स्थूल शरीर से परे दिव्य चेतना से जुड़ा हुआ है। इसका रंग शुभ्र चांदी के जैसे चमकदार है। इसका मुख्य कार्य हमारे सूक्ष्म शरीर की चेतना का संबंध विश्व की शक्ति के साथ स्थापित करना है।

उस अमर्यादित शक्ति का उपयोग अपने लाभ के लिये करना, अज्ञात को जानना, ब्रम्हांड की शक्ति में विलीन हो उसकी शरण में जाना, जीवन का आध्यात्मिक अर्थ समझना यह सभी उसके उद्देश्य है। सहस्त्रार मनुष्य की सर्वश्रेष्ठ चेतना का स्थान है। जब यह केंद्र जागृत होता है उस वक्त मानव अपनी व्यक्तिगत चेतना के पार जाता है। 'मैं, तुम, वे' इन सभी भावनाओं से ऊपर उठता है। वह स्वयं की व्यक्तिगत पहचान से ऊपर उठ पाता है।

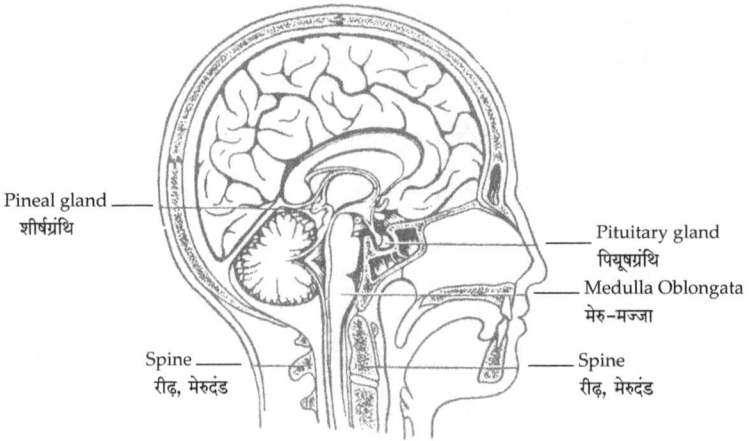

Pineal gland
शीर्षग्रंथि

Pituitary gland
पियूषग्रंथि

Medulla Oblongata
मेरु–मज्जा

Spine
रीढ़, मेरुदंड

Spine
रीढ़, मेरुदंड

शीर्षग्रंथि (पीनीअल ग्रंथि) को 'तीसरी आँख' कहते हैं। यह ग्रंथि भौतिक और आध्यात्मिक जगत को जोड़ने का कार्य करती है। इसका आकार मटर के दाने के समान होता है और पियूषग्रंथि (पीचूटरी ग्रंथि) के ऊपर के और पीछे के भाग में एक छोटी सी गुफा में मस्तिष्क के मध्यभाग में यह होती है। पीचुटरी ग्रंथि नाक के ऊपर के भाग में होती है।

## आज्ञा चक्र के स्पंदन

*आज्ञा चक्र जागृत होनेपर भूमध्य और कनपटी के बगल से ऊपर जाते हुए और पक्षी के पंखों की तरह दिखनेवाली आकृतियाँ नजर आती हैं।*

**आज्ञा चक्र:** इस चक्र के स्थान पर तीन मुख्य नाड़ियाँ ईडा, पिंगला व सुषुम्ना – एकत्र होकर उनमें से चेतना का प्रवाह सहस्त्रार या उच्च केन्द्र की तरफ ऊपर की दिशा में होता है। आज्ञा अर्थात आदेश, समझ, ज्ञान और अधिकार। शरीर में इसका संबंध शीर्षग्रंथि, (पीनीअल ग्रंथि) आँखो और मस्तिष्क से है। इस चक्र का तत्व 'महातत्व' है जिसमें बाकी के सभी तत्व अपने उच्च एवं शुद्ध स्वरुप में समाविष्ट होते हैं। इसका रंग बैंगनी और नीला है। आज्ञा चक्र के क्रियाशील होने पर व्यक्ति दुविधापूर्ण मन:स्थिति से छुटकारा पाकर अंर्तज्ञान के द्वारा स्थिर मन:स्थिति का अनुभव कर सकता है। इसका अर्थ यह है कि परिस्थितियों में किसी भी प्रकार का विरोधाभास ना महसूस करते हुए उन्हें उनके वास्तविक रुप में अपनाने की कला वह विकसित करता है। यह चक्र क्रियाशील होने पर स्वच्छ विचार, शाँति, अंर्तज्ञान और वैश्विक ज्ञान इन सभी पर मन को एकाग्रचित्त करने में सहायता मिलती है। आज्ञा चक्र गुरु को शिष्य के साथ जोड़नेवाला एक सेतु है। वह उस स्तर का प्रतीक है जहाँ पर दो व्यक्तियों के बीच प्रत्यक्ष मानसिक संपर्क (एक दूसरे के मन के विचार पढ़ने की कला) संभव है।

'आज्ञा चक्र' को 'तीसरी आँख' 'दिव्य दृष्टि' या 'दिव्य नेत्र' भी कहते है। जिसके कारण व्यक्ति को भविष्य में घटनेवाली घटनाओं का पूर्व अनुमान होता है। श्वसन क्रियाओं के अभ्यास में, प्राण को पूरे शरीर में उचित मात्रा में

प्रसारित करने का कार्य आज्ञा चक्र करता है। आज्ञा चक्र के स्थान में अगर प्रकाश दिखने की क्रिया उत्तम प्रकार से होने लगती है तो साधक शरीर में प्राणतत्व के बहाव को देख सकता है।

## विशुद्धि चक्र के स्पंदन

*विशुद्धि चक्र के बैंगनी – नीले रंग के विस्तरित स्पंदन*

**विशुद्धि चक्र:** विशुद्धि अर्थात 'शुद्ध' 'पवित्र'। शरीर में इसका संबंध गले, कान, गलग्रंथि (थॉयराईड ग्रंथि) और पॅराथॉयरॉईड ग्रंथि के साथ होता है। इस चक्र का तत्व 'ईथर' है। विशुद्धि चक्र का तत्व 'ध्वनि' और उसकी इंद्रिय अंग 'कान' है। इसका रंग हल्के बैंगनी एवं गहरे चमकीले नीले का मिश्रण है। इस चक्र का विकास होने पर व्यक्ति को निर्भीक रुप से सत्य को अभिव्यक्त करने की और सत्य का ज्ञान प्राप्त करने और उसे प्रसारित करने की कला प्राप्त होती है। इस चक्र के जागृत होने पर मन शुद्ध होता है और सर्व चराचर के साथ मित्रता का संबंध विकसित होता है। जागृत हुए विशुद्धि चक्र के द्वारा साधक को र्निविरोधी भाव की स्थिति प्राप्त होती है। उससे मिलनेवाले अनुभवों से उच्च कोटी का ज्ञान प्राप्त होता है। जीवन के केवल सुखद अनुभव ही नहीं बल्कि दुःखद अनुभवों को भी उतनी ही सम्यक वृत्ति से साधक ग्रहण कर पाता है। अपने जीवन के अप्रिय पहलू / दुःखद अनुभवों को टालकर केवल सुख के अनुभव प्राप्त करने की वृत्ति ना रहकर, जब व जैसे घटनाएँ घटती है उन्हें उनके मौलिक रुप में स्वीकारने की वृत्ति विकसित होती है। इस समान एवं संतुलित वृत्ति के कारण जीवन की परस्पर विरोधी घटनाओं का

योग्य ज्ञान प्राप्त होता है। इस चक्र के जागृत होने पर उच्च स्तरों से आनेवाली चेतना और ऐसे ही अचेतन रुप से प्राप्त की गई मानसिक धारणाओं के बीच का अंतर समझ में आता है। जिस साधक का विशुद्धि चक्र जागृत हो जाता है उस साधक के जीवन में होनेवाली नकारात्मक घटनाओं के नकारात्मक परिणाम को वह प्रभावहीन करने की क्षमता प्राप्त करता है और इस कारण अपने सामने आनेवाली किसी भी समस्या को वह सुलझा सकता है। अन्यथा वह समस्या किसी भी शारीरिक रोग का रुप ले सकती है।

इस चक्र के स्पंदन गले में किसी छोटे पक्षी या तितली के पंख फड़फड़ाने की भाँति महसूस होते हैं। पिछले पन्ने पर दिये दृश्य में विशुद्धि चक्र के स्पंदन को दर्शाया गया है जो आवश्यकतानुसार विस्तृत होते हैं।

साधक अगर यह श्वसन क्रिया एकदम अचूक तरीके से करता है तो उसे सूक्ष्म (अदृश्य) आकारों को देखने की दृष्टि प्राप्त होती है और नकारात्मक बातों को अपने आप शरीर से बाहर कैसे निष्कासित किया जाये इसकी जानकारी मिल सकती है।

आपकी शिराओं और मस्तिष्क को, आपके पूरे शरीर को जीवनीय सूक्ष्म शक्ति 'प्राण' से भर देना – यह इस श्वसन क्रिया का उद्देश्य है ताकि आप ब्रम्ह साक्षात्कार के मार्ग पर अग्रसर हों। चेतना के इस उच्च स्तर का पहला संकेत हमें मिलता है जब हम आनंद, दिव्य प्रकाश और प्रेम का अनुभव करते हैं।

# 2. उत्साह वर्धक श्वसन क्रिया

पिछले अध्यायों से हमें यह ज्ञान प्राप्त हुआ है कि योग्य श्वसन क्रिया से हमारा स्वास्थ्य बेहतर होता है। यही लाभकारी परिणाम हमारे मन द्वारा भी महसूस किया जाता है। आप अधिक आनंदित होते हैं और मन: स्थिति आशावादी होती है। आध्यात्मिक स्तर पर हमें शाँति का अनुभव होता है। सही श्वसन क्रिया द्वारा हम शरीर, मन एवं आत्मा में अधिक मात्रा में दिव्य प्रकाश ग्रहण करते हैं जिसके परिणामस्वरुप सभी वस्तुओं और परिस्थितियों को सही दृष्टिकोण से देखते हैं।

स्मृतिवर्धक श्वसन क्रिया द्वारा हमारे मस्तिष्क का प्रत्येक कोषाणु शुद्ध होकार क्रियाशील हो चुका है। परिणामस्वरुप हमारा पूर्ण शरीर चैतन्यमय हो गया है। उत्साह वर्धक श्वसन क्रिया उस शक्ति को शरीर में सर्वत्र प्रसारित करने का कार्य करती है। शारीरिक एवं मानसिक अवरोधों को नष्ट कर श्वसन क्रिया द्वारा प्राप्त की गई ऊर्जा को शरीर में र्निबाधित प्रवाहित करती है।

आप पायेंगे कि अभ्यास के दौरान सही श्वसन क्रिया को बहुत महत्व दिया जा रहा है ताकि तन, मन की संघटित रचना शुद्ध होकर हर साँस के साथ अंदर प्रवाहित होनेवाली वैश्विक शक्ति के प्रति संवेदनशील हो। इस तथ्य को आप तभी जान पायेंगे जब आप इसे महसूस करेंगें। उत्साहवर्धक श्वसन क्रिया इस प्रक्रिया को आरंभ करती है।

इस श्वसन क्रिया के अभ्यास के दौरान प्राण के तीव्र प्रवाह को अपने अंदर महसूस करें। प्रत्येक कोषाणु को पुर्नजीवित करते हुये उसे रोशनी की भाँति अपने अंदर प्रवेश करते हुये देखें।

## उत्साह वर्धक श्वसन क्रिया की मुद्रा

चित्र. 1

चित्र. 2

चित्र. 3

चित्र. 4

टिप्पणी: यह श्वसन क्रिया शक्तिशाली है। कृपया दिये गये निर्देशों का पालन सावधानीपूर्वक करें।

## श्वसन क्रिया का मानसिक चित्रण

मन में यह कल्पना करें कि जब आप साँस अंदर लेते है तब छाती फूल कर प्रकाश से भर रही है और वह प्रकाश मूलाधार चक्र तक जा रहा है। बाहर आती हुई साँस सभी विषैले तत्वों को निष्कासित कर रही है और मार्ग को रोशनी से प्रदीप्त कर रही है।

## उत्साह वर्धक श्वसन क्रिया का अभ्यास

दो साँसों से शुरुआत कर धीरे धीरे एक दो हफ्तों में सात तक पहुँचे। अब से सारी श्वसन क्रियायें खड़े होकर की जाती हैं। सीधे खड़े रहें। पीठ तनी हुई रखें, एड़ियाँ सटी हुई, पंजे अलग अलग एवं पेट व नितंब कसे हुये रखें।

1) सावधानी पूर्वक साँस लें। पेट के निचले हिस्से तक साँस पहुँचे, ऐसी लंबी दीर्घ साँस लें। पहले फेफड़ों का नीचे का हिस्सा, फिर मध्यका और फिर ऊपरी हिस्सा साँस से भर रहा है ऐसा विचार कीजिए। अगर आप सही तरीके से साँस लेंगे तो पायेंगें कि आपका पेट थोड़ा सा अंदर की तरफ खींच गया है।

2) करीब 30 सेकंड तक साँस को अंदर रोक कर रखें।

3) अब पूरे जोश के साथ सिकुड़े हुये होठों द्वारा 'शू ऽ ऽ ऽ ऽ' ऐसी आवाज निकालते हुये साँस को छोड़ें। छाती को कड़ा रखें, शिथील ना होने दें। जैसे जैसे साँस बाहर छोड़ते हैं वैसे वैसे पेट को अंदर कसते हुये ऊपर की तरफ उभारें। पेट पर अंदर की तरफ दबाव डालते हुये वायु का हर अंश बाहर निकाल दें।

4) इसके पश्चात साँस अंदर लें और छाती एवं पूरे शरीर को ढ़ीला छोड़ दें और कुछ देर तक लयबद्ध तरीके से साँस अंदर बाहर लें। अब इस श्वसन क्रिया के आध्यात्मिक सर्मथन वाक्यों को मन में दोहरायें।

# समर्थन वाक्य एवं मानसिक चित्रण

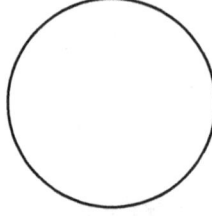

*'संपूर्णता' के प्रतीक एक वृत्त की कल्पना करते हुये नीचे लिखे समर्थन वाक्यों का स्पष्टरुप से उच्चारण करें*

सही परिणाम प्राप्त करने हेतु समर्थन वाक्य का उच्चारण चेतनापूर्वक पूरे जोश एवं उत्साह से करें। आलस्यपूर्ण शिथील तरीके से ना करें।

अब हम पूर्णतया तनावमुक्त हैं – नीचे की तरफ आते हुये – विश्रामपूर्वक- पूर्ण रुप से तनावमुक्त – अब हम इन नीचे लिखे अत्याधिक सामान्य शब्दों के गूढ़ व रहस्यमय अर्थ के बारे में सोचते हैं:

## स्मरण करने हेतु:

*मैं पूर्ण हूँ... पूरी तरह से पूर्ण। कोई भी कमी नहीं है - कुछ भी जोड़ा नहीं जा सकता... मैं पूर्ण हूँ।*

*''मैं संपूर्ण हूँ।*

*''मैं शक्तिशाली हूँ।*

*''मैं बलवान हूँ। पूर्ण रुप से बलवान। मेरे शरीर का प्रत्येक कोशाणु एक ऊर्जा केंद्र है जो मेरे लिये कार्य कर रहा है। मैं बलवान हूँ।*

*''मैं प्रेममय हूँ।*

*''मैं सामंजस्य पूर्ण हूँ – मैं ब्रम्हांड के चिरस्थायी, अपरिवर्तित, अनन्त नियमों से सामंजस्य में हूँ।*

*''मैं समृद्ध हूँ।*

*''मैं युवा हूँ। और अब वह तरल भावना सर्वत्र फैल रही है। मुझे ऐसा आभास हो रहा है जैसे कि तरल रोशनी की धारायें मेरी नस नस में तेजी से नीचे की ओर प्रवाहित हो रही है।*

*''मैं आनंदित हूँ। मैं आनंदित महसूस कर रहा हूँ, मैं आनंदित दिखता हूँ, मैं आनंदित हूँ।*

*"आभार प्रकट करते हुये एवं आनंदित महसूस करते हुये अब मैं एक लघु साँस लेता हूँ और एक लंबा, दीर्घ नि:श्वास। फिर मैं एक और लघु साँस लेता हूँ और एक द्रुत नि:श्वास।"*

## उत्साह वर्धक श्वसन क्रिया

आज्ञा एवं विशुद्धि चक्र को पूर्ण रुप से क्रियाशील बनाकर सारे विषैले तत्वों को बाहर निष्कासित करने वाली ओजस्वी स्मृतिवर्धक श्वसन क्रिया के पश्चात उत्साह वर्धक श्वसन क्रिया आती है। आज्ञा चक्र से मूलाधार चक्र तक पूरी तरह नीचे जाती हुई यह एक गहन साँस है। इसके मंद अंर्तश्वसन एवं प्रबल प्रश्वसन विषैले तत्वों को बाहर निकालने में और भी मदद करते हैं। यथासमय, यह श्वसन क्रिया उर्जित एवं क्रियाशील चक्रों को पंक्तिबद्ध कर संतुलित करेगी। इससे इन चक्रों की गुणवत्ता में वृद्धि होगी। आज्ञा चक्र अपने विशिष्ट गुणों से ऐसी दिव्य ग्रहण शक्ति उत्पन्न करता है कि जिसके परिणामस्वरुप गुरु द्वारा सिखाये गये ज्ञान का वास्तविक मर्म सही अर्थों में समझने की प्रक्रिया आरंभ होती है। विशुद्धि चक्र परिज्ञान एवं विवेक प्रदान करता है। पूर्ण रुप से जागृत अनाहत चक्र, जो कि हमारी भावनाओं का केंद्र है विश्व प्रेम व करुणा प्रदान करता है। पाचन तंत्र को नियंत्रित करने वाला एवं ऊर्जा का मुख्य वितरक, मणिपुर चक्र, जागृत होने पर प्रतिभा और पराक्रम को बढ़ाता है। स्वाधिष्ठान चक्र अचेतन मन की सुप्त भावनाओं का द्वार है। यह सहज ज्ञान, दबी हुई इच्छाओं, प्रतिभाओं, आसुरिक एवं दैविक प्रवृतियों को प्रकट करता है। मूलाधार चक्र प्राथमिक ऊर्जा का केंद्र है और हमारी विषयासक्ति एवं आध्यात्मिकता दोनों का स्त्रोत है। मूलाधार चक्र सहज ज्ञान दर्शाता है।

आपको दिये जाने वाले ज्ञान को पूरी तरह से समझना आवश्यक है। जिस तरह उपजाऊ जमीन में बीज बोया जाता है और उसे पनपने के लिये उसकी संभाल रखनी पड़ती है (पोषण करना पड़ता है), उसी तरह आध्यात्मिक ज्ञान का बीज जब बोया जाता है तो उसे यथायोग्य पालन पोषण की आवश्यकता होती है और यह श्वसन क्रियाओं, ध्यान धारणा एवं निष्काम सेवा द्वारा प्रदान की जाती है। सही श्वसन क्रिया द्वारा हम साँस के साथ उस लयबद्ध विश्वशक्ति का आवाहन् करते हैं (को लाते हैं) जो शरीर की रचना करने वाले तत्व के अनुरुप होती है। हम जितनी लयबद्ध साँस लेंगें, प्राण को शक्ति (वेग) की तरह उतना ही महसूस करेंगें।

आध्यात्मिक सर्मथन वाक्यों के शब्द आपके द्वारा बोये गये बीजों की तरह हैं। आप जितनी तीव्र भावना से इन शब्दों का उच्चारण करेगें, उसी प्रमाण में उसमें अंर्तनिहित भावनायें आपके अंदर परिपक्व होकर प्रकट होंगी।

कल्पना करना और मन की आँखो से देखना, हमारे पास यह दो सर्जनात्मक शक्तियाँ हैं। इनका उपयोग हम दैनिक जीवन में करते हैं। इनकी क्षमता बढ़ाने हेतु हमें और भी प्रयत्न करने चाहिये। अर्थात हम जो भी परिस्थिति प्रत्यक्षरुप में चाहते हैं उसका चित्रण हमारी मन की आँखो के सामने हमें करना चाहिये। विचार एक अतिशय प्रबल शक्ति है और हम इसका उपयोग हमारे व्यवहार में हर पल करते हैं। इस पाठ्यक्रम का अभ्यास करते करते मैंने अपने विचारों को देखना सीखा। मेरे द्वारा उच्चारित किये हुये हर वाक्य को आकार लेते हुये मैंने देखा। मैं केवल आकार ही नहीं देख रही थी बल्कि प्रत्येक विचार में समन्वित उन सभी बारीकियों को, जिन पर पहले कभी मैंने ध्यान नहीं दिया, उन्हें भी देख रही थी। एक विचार से अनेक विचारों की श्रृंखला उत्पन्न होती है इसलिये यह सुनिश्चित है कि प्रत्येक विचार का एक रुप होता है और उसमें रुप धारण करने की क्षमता भी होती है। जैसे जैसे आपकी साधना आगे बढ़ेगी, वैसे वैसे इस विचारों के आकार को समझने बूझने की आपकी क्षमता में वृद्धि होगी।

उत्साह वर्धक श्वसन क्रिया 'नौ शाश्वत सत्यों' के गूढ़ अर्थ धीरे-धीरे आपको इस तरह सिखाने का प्रयत्न करती है कि आप अपने सांसारिक जीवन की दैनिक परिस्थितियों में उनका अनुभव कर पायेंगें। किसी भी प्रकार की शंका और डर ना रखते हुये एक अबोध बालक की भाँति अपनी प्रवृति रखें।

"**मैं सम्पूर्ण हूँ**" 'पूर्ण' इस शब्द पर निर्विकार मन की भावना रखते हुये विचार कीजिए। शायद गोलाई की एक भावना आपके मन में आयेगी। अब मन के बाहर-और बाहर जाने का विचार करें। आपको उस गोलाई की भावना के बढ़ने का अहसास होगा। स्वयं को इस भावना में विलीन कर दें। विचारों की श्रृंखला टूट जाने पर उस विलीनता में आपको आनंदमय पूर्णत्व का बोध होगा।

शारीरिक चेतना, खंडित व्यक्तित्व, रुढ़िवादी सोच, मन का बाहर भटकना इस सबके कारण 'पूर्ण' इस शब्द का सही अर्थ हम भूल गये हैं। अपने दैनिक जीवन में जब आप ऐसी अवस्था में पहुँचते हैं जहाँ आप अंर्तमन की चेतना या परमेश्वर द्वारा दी गई दिव्य शक्ति को, जो धर्म एवं जात पात के दायरे में नहीं है, छू सकते है, तब आप पूर्णत्व की भावना को भलीभाँति समझ पाते हैं।

'पूर्णत्व' आपके भीतर है। अगर आप उस पूर्णत्व की भावना के साथ अपने विचार प्रकट करेंगें तो उनका फलान्वित होना निश्चित है। जब आप किसी चीज को करने से हिचकिचाते है अथवा वह चीज होगी कि नहीं ऐसा डर आपको लगता है तो अपने दृष्टिकोण पर ध्यान दीजिए। आप क्या कर रहे हैं, क्या कहते हैं और आप में कितना आत्मविश्वास है इस पर विचार कीजिए। आप क्या कहते हैं व कैसे कहते हैं इससे फर्क पड़ता है। एक यशस्वी मनुष्य आत्मविश्वास के साथ इस तरह बात करता है कि दूसरों को उसपर विश्वास हो जाता है। एक असफल मनुष्य के पास बेहतर ज्ञान होने पर भी वह उसे व्यवहार में लाने में असमर्थ होता है। आत्मविश्वास बहुत महत्वपूर्ण है और 'मैं पूर्ण हूँ' ऐसा कहने से आत्माविश्वास में वृद्धि होती है। जब आप पूर्ण हैं और पूरा ब्रम्हांड जिसके आपके एक हिस्से हैं पूर्ण है तो डर या शंका का सवाल कहाँ है ? किसी भी वस्तु के ना होने का सवाल कहाँ है ? मैं पूर्ण हूँ इसे अधिक विस्तार से समझाया गया है – 'आपके अंदर कोई कमी नहीं है और आप में कुछ जोड़ा नहीं जा सकता।' 'अगर कोई वस्तु संपूर्ण है तो उसमें किसी भी प्रकार की कमी का प्रश्न ही नहीं उठता।'

पानी से भरा पात्र इसका एक उत्तम उदाहरण है। आप इसमें और पानी नहीं डाल सकते हैं। क्योंकि वह पूर्ण रुप से भरा हुआ है। इसी प्रकार अगर आप पूर्ण हैं तो आप में कुछ भी और डाला नहीं जा सकता क्योंकि आप पूरी तरह से भरे हुये हैं।

समर्थन वाक्यों के प्रभावशाली होने के लिये उन्हें पूरी भावना के साथ कहिये। जब आप इन्हें कुछ समय तक बार बार दोहराते रहेंगें तो ये आपके अवचेतन मन में प्रवेश करेंगें। इससे आपकी शारीरिक चालढ़ाल, आपकी वाक्शक्ति और अंतत: आपके व्यक्तित्व पर प्रभाव पड़ेगा।

**''मैं परिपूर्ण हूँ''** जब आप 'परिपूर्ण' शब्द के बारे में सोचते हैं तो मन में आनेवाली भावना 'पूर्ण' इस शब्द से भिन्न होती है। इन दोनों शब्दों पर गौर करें और उस वक्त आपको महसूस होने वाली भिन्न भिन्न भावनाओं पर ध्यान दें। उस वक्त महसूस होने वाली भावाना का इच्छानुसार आप जब चाहें फिर से अनुभव कर सकेंगें। आप 'पूर्ण' हैं अर्थात आप 'परिपूर्ण' भी होंगें ही। 'अपूर्णता' आती है जब आप में कोई कमी हो पर अगर आप 'पूर्ण' हैं तो आप 'परिपूर्ण' भी होंगे। मैं पूर्ण हूँ – मैं 'परिपूर्ण' हूँ।

इसलिये आप परिपूर्ण हैं। जो भी कार्य आप हाथ में लेते हैं उसके लिये ईश्वर के प्रतिनिधि के रुप में आप उत्तरदायी हैं। वह कार्य आपको आत्मविश्वास और मन से करना चाहिये। सदैव प्रकृति की ओर देखिये, वह हर पहलू से संपूर्ण है जैसे सौर मंडल में ग्रहों का भ्रमण, आपकी शारीरिक प्रक्रिया, वनस्पति एवं जीवजंतु इत्यादि। प्रकृति इन सभी के कामों में किसी भी प्रकार की ढ़ील नहीं देती है, उसके कार्य बिना किसी भेद भाव के सतत् चलते रहते हैं।

**''मैं शक्तिशाली हूँ''** – जब आप इस शब्द के बारे में सोचते हैं तो आपके मन में आनेवाली भावना को अपने पूरे शरीर में फैलने दें। यह बहुत महत्वपूर्ण है क्योंकि 'शक्ति' की उसी कल्पना के साथ आप अपनी पहचान बनायेंगें जैसे कि हाथी की कल्पना करना। शक्तिशाली इस शब्द का विचार करते हुये आपके मन में कौन सा प्रतीक आता है इस पर ध्यान दें। मेरे मन में वायु का प्रतीक आया था।

अब अगर आप 'पूर्ण' और परिपूर्ण हैं तो आप 'शक्तिशाली' भी होंगें। यहाँ पर 'शक्तिशाली' एवं 'बलवान' इन दो शब्दों के बीच का अंतर जानना जरुरी है।

'शक्तिशाली' इस शब्द से ताकत का प्रतीक आँखों के सामने आता है जैसे कि हनुमान, हाथी वगैरह। बल अर्थात एक विशेष परिस्थिति में अपनी अधिकतम शक्ति को पूर्णतया इस्तेमाल करना। जब मैंने 200 पौंड का वजन उठाया तो वह मेरी ताकत है। निर्धारित परिस्थितियों में मेरे कार्य करने की वह चरम सीमा है। 'मैं शक्तिशाली हूँ' जब आप इस वाक्य को बारंबार दोहराते जायेंगे तो कुछ समय पश्चात आपको ऐसा महसूस होगा कि आपके अंदर प्रचंड शक्ति का निर्माण हो रहा है। चलते हुये, कार्य करते हुये, व्यायाम करते हुये, हर वक्त जब आप कहेंगे कि आप अशक्त हो रहे हैं उसी क्षण आपका चयापचय तुरंत परिवर्तन आरंभ कर देगा। इसलिये निरंतर ''मैं शक्तिशाली हूँ'' इसे दृढ़तापूर्वक कहते रहिये।

**''मैं बलवान हूँ''** – इसे भी ऊपर के समर्थन वाक्य की भाँति ही व्यक्त किया जाता है। 'बल' इस शब्द से आप क्या समझते हैं और इसका कौन सा प्रतीक आपके मन की आँखो के सामने आता है? मैंने महासागर देखा था।

मुझे ऐसे प्रतीत हो रहा है जैसे मेरे शरीर का प्रत्येक कोशाणु एक ऊर्जाकेंद्र बन मेरे लिये कार्य कर रहा है। मैं बलवान हूँ। 'बल' क्या है ? बल किसी भी

कार्य को करने के लिये लगने वाली ऊर्जा है। इस ऊर्जा के बिना आप थके हुये, क्लांत एवं हताश दिखते हैं। इसलिये 'मैं बलवान हूँ' ऐसा आपको कहना चाहिये। आपके शरीर में 6 खरब कोशाणु प्रत्येक क्षण 3 खरब क्रियांऐं कर रहें हैं और जब आप इन कोशाणुओं से उनकी पूर्ण क्षमता अनुसार कार्य करवाते हैं तब आप अपनी सर्वोच्च क्षमता हासिल करते हैं।

मैं पूर्ण हूँ, मैं परिपूर्ण हूँ, मैं शक्तिशाली हूँ, मैं बलवान हूँ – ये सभी समर्थन वाक्य आपके अंदर निहित प्रचंड शक्ति के निर्देशक हैं। आपके शरीर में खरबों कोशाणु हैं प्रत्येक कोशाणु में डी.एन.ए. नामक अतिसूक्ष्म द्रव्य होता है। इससे संबंधित ज्ञान बहुत विस्तृत है और वह ब्रम्हांडीय चेतना से जुड़ा हुआ है। प्रत्येक कोशाणु में इतनी अनन्तता है।

आपकी कल्पना के अनुसार 'बलवान' ऐसी किसी भी वस्तु की आप धारणा कर सकते हैं।

**''मैं प्रेममय हूँ''** – प्रेम के बारे में सोचिये। उसके अपरिवर्तनशील रुप, उसके तत्व या उसके कोई भी स्वरुप की अपने मन मे धारणा कीजिए। प्रेम के अनेक रुप हैं। ''ईश्वरीय प्रेम'' इसका आपके लिये सही मायने में क्या अर्थ है यह सोचिये। मेरे हिसाब से प्रेम की असली अभिव्यक्ति प्रकृति द्वारा होती है। साधारण रुप से हमारे जन्म से लेकर अभी तक हमारे अनुभवों और भिन्न भिन्न कल्पनाओं के आधार पर हम प्रेम को परिभाषित करते हैं। माता, पिता का, भाई बहन का, मित्रों का प्रेम एक प्रकार का होता है। स्त्री पुरुष का प्रेम दूसरे प्रकार का होता है। दुर्भाग्य से जो हम पढ़ते है अथवा सिनेमा में देखते हैं उनके प्रभाव के कारण स्त्री पुरुष में कामकुता के दायरे से बाहर प्रेम होना असंभव है ऐसी दृढ़ मान्यता हमें हो गई है। किन्तु वासनात्मक प्रेम यह प्रेम का केवल एक और पहलू है। प्रेम का संबंध केवल वासना से ना होकर, उसके परे भी यह भावना जा सकती है।

सच्चा प्रेम क्या है यह हमें सीखना चाहिये। प्रेम इतना विशाल है कि अगर कोई आपसे पूछे कि रोजमर्रा के जीवन में प्रभु की अनुभूति कैसे हो तो उसका उत्तर है 'प्रेम द्वारा'। प्रभु के अस्तित्व को जानने का जरिया केवल एक है और वह है 'प्रेम'।

ईश्वरीय प्रेम के ग्राही बनें। उससे आपके अंदर प्रेम की वर्षा करने के लिये कहें। प्रेम की अनुभूति, उसकी पहचान आपको हो, यह आशीर्वाद माँगे।

"**मैं सांमजस्यपूर्ण हूँ**" – ब्रम्हांड के सामंजस्य, तालबद्धता, समानता एवं संतुलन के बारे में सोचिये। विश्व की सुव्यवस्था के बारे में सोचिये। यह विचार आपके मन से भावना तक पहुँचना चाहिये और यह भावना इतनी गहराई तक पैठ जानी चाहिये कि आप जब भी इसका उपयोग करना चाहें, कर सकें। अगर आप पूर्ण हैं, परिपूर्ण हैं, शक्तिशाली हैं, बलवान हैं, प्रेममय है तो स्वाभाविक है आप सामंजस्य में होंगें। ईश्वर ने स्वंय के आनंद एवं रसास्वादन के लिये विश्व की उत्पत्ति की। अपनी लीला के लिये उन्होंने संसार की रचना की ऐसा हिंदू धर्म में कहा जाता है। विश्व का जो दृश्य स्वरुप हम देखते है, उसमें सामंजस्य और आनंददायक स्थितियाँ कायम की गई हैं। प्रकृति की ओर देखें। आप पायेंगे कि सर्वत्र सामंजस्य के अलावा दूसरा कुछ भी नहीं है।

"**मैं समृद्ध हूँ**" – विश्व के विशाल, अनंत आपूर्ति भंडार के बारे में सोचिये। आप समृद्ध हैं। कोई भी अभाव नहीं है। प्रकृति के बारे में सोचिये और आप पायेंगे कि प्रकृति में सभी चीजें प्रचुरता में हैं।

"**मैं युवा हूँ**" – सिर से लेकर पाँव के तलवों तक आपका शरीर एक तरल पदार्थ की भाँति (उदाहरणार्थ पानी की तरह) है, ऐसी कल्पना कीजिए – रोशनी की असंख्य धारायें नीचे की तरफ बह रही हैं ऐसी कल्पना करें। आँखों के सामने उस प्रवाह को नीचे की तरफ बहता हुआ देंखें।

"**मैं आनंदित हूँ**" – ऐसी कल्पना कीजिए कि आप अपने सिर से ऊपर की ओर देख रहे हैं। अब आनंद के विचारों को अपने सिर से ऊपर की ओर भेजिये। अब अपने शरीर एवं मन को पूर्ण रुप से ढ़ीला छोड़ दें और ऐसी कल्पना करें कि आपके शरीर का प्रत्येक कोशाणु आनंद से भर गया है। आनंद एक ऐसी शक्ति है जो विश्व की सभी शक्तियों को आगे बढने की प्रेरणा देती है।

इस श्वसन क्रिया में आप अपने शरीर की सभी शक्तियों को एक लयबद्ध स्थिति में लाते हैं। उन सभी शक्तियों को एक दिशा देते हैं, उसी प्रकार जिस प्रकार बिजली के बल्ब में सभी अणुओं को एक दिशा में प्रवाहित करने के लिये उनका चुंबिकरण किया जाता है।

# 3. प्रेरणादायक श्वसन क्रिया

हजारों वर्ष पूर्व सिद्ध योगियों ने साँस पर नियंत्रण प्राप्त करने की शक्तिशाली पद्धति अन्वेषित की। उन्होंने इस पद्धति का उपयोग भय पर जीत पाने के लिये, रोगों का उपचार करने के लिये एवं आध्यात्मिक प्रगति के लिये किया। इन श्वसन क्रियाओं में असाधारण शक्तियाँ निहित है क्योंकि वे आध्यात्मिक जीवन शक्ति में से हमारे जीवन को आधार देनेवाली प्राण नामक शक्ति को प्राप्त करती है। हमारी साँस इस 'प्राण' नामक जीवन शक्ति का वाहन है।

क्योंकि हमारी साँस इतनी घनिष्टता से जीवन शक्ति या प्राण के साथ जुड़ी है, वह हमारे शरीर में होनेवाली प्रत्येक मानसिक, भावनात्मक और शारीरिक क्रिया पर नियंत्रण रखती है। दु:ख एवं डर का प्रत्येक अनुभव इस श्वसन क्रिया द्वारा नियंत्रित किया जाता है। असाध्य एवं जीर्ण रोगों का उपचार करने की शक्ति भी इस श्वसन क्रिया में निहित है। इसमें प्रवीणता हासिल कर हमारे शारीरिक, मानसिक व आध्यात्मिक दोषों को हम दूर कर सकते हैं। आध्यात्मिक गुरुओं ने कहा है कि ''जब आप अपनी साँस पर ध्यान देना सीख लेंगे तो आपको कई लाभ प्राप्त होंगे। आप यह सब इसलिये कर रहे हैं ताकि आप जानें कि जीवन क्या है, जीवन का मूल क्या है, जीवन का सिलसिला एवं उसका कारण क्या है''।

## प्रेरणादायक श्वसन क्रिया की मुद्रा

चित्र. 1　　　　　　चित्र. 2　　　　　　चित्र. 3

चित्र. 4　　　　　　चित्र. 5

टिप्पणी: यह श्वसन क्रिया शक्तिशाली है। कृपया दिये गये निर्देशों का पालन सावधानीपूर्वक करें।

## प्रेरणादायक श्वसन क्रिया का अभ्यास

यह सभी श्वसन क्रियायें जिस क्रम में दी गई हैं उसी क्रम में उनके समर्थन वाक्यों के साथ साथ करनी है। कृपया इस बात का ध्यान रखें।

श्वसन क्रिया करते वक्त अगर आपका मन यहाँ वहाँ भटकेगा तो श्वसन क्रिया का क्रम आगे पीछे हो जाने की संभावना है और इस कारण आप तीसरा प्रकार दूसरे की जगह और दूसरा प्रकार तीसरे की जगह करेंगे। जहाँ तक संभव हो क्रम बदलने की गलती ना करें क्योंकि ऐसा होने पर जो ऊर्जा नीचे की तरफ प्रवाहित होती है उसके प्रवाह में बाधा आयेगी। अभ्यास करते हुये अगर आप किसी एक श्वसन क्रिया को भूल कर उसकी अगली श्वसन क्रिया करते हैं तो बेहतर होगा कि भूली हुई श्वसन क्रिया को छोड़ दें और अगली श्वसन क्रिया की ओर बढ़ें।

अभ्यास के आरंभ में यह श्वसन क्रिया केवल दो बार करें। धीरे-धीरे एक दो सप्ताह में बढ़ाते हुये उसे सात बार करें। सीधे खड़े रहें। ध्यान दें कि पीठ सीधी हो, एड़ियाँ सटी हुए, पंजे अलग, पेट अंदर की तरफ खींचा हुआ और नितंब कसे हुए हों।

1. लंबी साँस अंदर लें। सीधे सख्त खड़े रहें। नितंब कसे हुये रखें। पैरों को जमीन पर अचल पूर्वक रखें। हाथों को सीधे रख बिना मोड़े हुये सिर के ऊपर की ओर ले जायें। हथेलियाँ बाहर की तरफ रखते हुये अंगूठों को एक दूसरे में अटकायें और तर्जनी की कोर एक दूसरे को छुयें। आपका पूरा शरीर सीधा रखते हुये हाथों को बगल से अधिक से अधिक ऊँचाई तक ताने। किंतु उस वक्त पैरों की एड़ियाँ ऊपर ना उठें और हथेलियों के पीछे का भाग एक दूसरे से चिपका हुआ रहे इस पर ध्यान दें।

2. साँस को दो अथवा तीन सेकंड तक रोक कर रखें। उससे ज्यादा नहीं।

3. अब हाथों को कंधो से $45^0$ पर नीचे की तरफ लायें। जोर से थोड़ी सी साँस होठों को अलग कर बाहर छोड़ें। अब हाथों को कंधों के समांतर आने तक नीचे लाये। इस वक्त फिर से थोड़ी सी साँस जोरों से बाहर छोड़ें। फिर से हाथों को थोड़ा और नीचे लायें और जोरों से थोड़ी सी साँस छोड़ें। इस वक्त छाती फूली हुई रहे इस बात पर ध्यान दें। अंत में हाथों को पूरी तरह से बगल में ले आयें और पेट को थोड़ा अंदर की

तरफ खींचते हुये पूरी तरह से फेफड़े खाली होने तक उच्छवास करें।
साँस बाहर छोड़ते हुये शऽ शऽ शऽ ऐसी आवाज आनी चाहिये। ध्यान
रखिये कि नितंब तने हुये हों। पूरी साँस बाहर आ जाने पर अब एक
छोटी साँस लें और शरीर को ढ़ीला छोड़ दे। अगले पृष्ठ पर दिये हुये
समर्थन वाक्यों को मन में दोहरायें।

## समर्थन वाक्य एवं मानसदर्शन

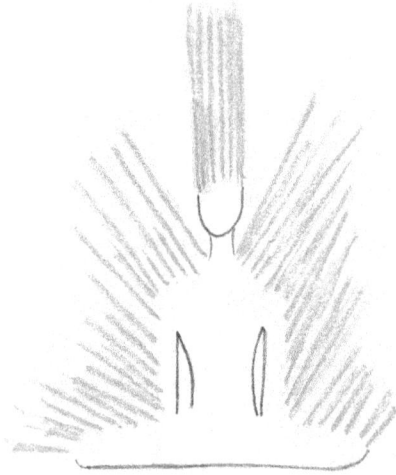

*प्रेरणादायक श्वसन क्रिया के समर्थन वाक्य का मानसिक चित्रण*

### स्मरण करने हेतु:

हमेशा कृतज्ञता का भाव रखें। हाथ जोड़कर खड़े रहें और चेतनापूर्वक
समर्थन वाक्य का उच्चारण करें। आपका शरीर एक साधन है। वह ईश्वर का
जागृत मंदिर है। अगर साधन ही दोषहीन नहीं होगा तो उससे प्राप्त होनेवाली
ग्रहणशीलता कैसे दोषहीन होगी ?

हम अब पूरी तरह से विश्राम करते हैं ... नीचे की तरफ आते हुये...
पूरे शरीर को तनावमुक्त करते हुए...

*“मैं अपने शरीर के लिये, हे परमेश्वर, आपका आभारी हूँ। शरीर के अमर, अपरिवर्तनशील नियमों का मैं आभारी हूँ। मेरा शरीर – अत्यंत सुंदर, असीमीत रुप से गूढ़ और विश्व का अतिशय अचूक यंत्र है। इसके लिये मैं परमेश्वर का आभारी हूँ।*

*“मेरा शरीर मेरे अंदर स्थित उस परमेश्वर का मंदिर, मेरे शरीर में निवास करनेवाली उस परमशक्ति का मंदिर है। मुझे यह अद्‌भुत शरीर प्रदान करने के लिये, हे परमेश्वर, मैं आपका आभारी हूँ।*

*“मेरे शरीर की कोर कोर में संचित ज्ञान का मैं आभारी हूँ और इसी क्षण से मैं यह प्रतिज्ञापूर्वक कहता हूँ कि इस पल से मैं ऐसा कोई भी काम – वैचारिक, मानसिक या आचरण संबंधी कार्य नहीं करुंगा कि जिसके कारण मेरे अंदर स्थित उस परमेश्वर के शरीररुपी पवित्र मंदिर को हानि पहुँचे या उसका अपमान हो।*

*“और अब अत्यंत आनंद के साथ आभार प्रदर्शित करते हुए मैं एक छोटी सी साँस लेता हूँ और एक लंबी दीर्घ निःश्वास और अब एक छोटी सी साँस और तुरंत निःश्वास।”*

## प्रेरणादायक श्वसन क्रिया एवं समर्थन वाक्य का परिणाम

‘साँस’ मनुष्य की सारी शक्तियों की उद्‌गमस्थान है। आजकल दूरदर्शन (टेलिविजन) द्वारा एक क्षण में ध्वनि एवं दृश्य को पूरे विश्व में प्रसारित कर सकते हैं। इस प्रसारण के पीछे कौन सी शक्ति कार्यरत है ? वह है ‘ईथर’ नामक पदार्थ, जो वातावरण में सर्वत्र है। हम भी हवा में निहित इस शक्तिशाली ईथर को साँस के साथ अंदर लेते हैं। आपको इसके बारे में जानकारी प्राप्त करनी चाहिये। आपका शारीरिक स्वास्थ्य सही श्वसन क्रिया पर निर्भर करता है। आपकी मानसिक स्थिति, आनंदवृत्ति, आत्मसंयम, स्पष्ट विचार और आपका चरित्र भी काफ़ी हद तक आपकी साँस लेने की योग्य पद्धति पर अवलंबित है।

सभी श्वसन क्रियायें चक्रों के शुद्धिकरण का कार्य नियमित रुप से करती हैं। सहस्त्रार, आज्ञा और विशुद्धि चक्रों को शक्ति प्रदान कर जागृत करने के पश्चात अनाहत चक्र पर कार्य करना चाहिये। आप जान गये हैं कि यह पूरी प्रक्रिया बहुत ही धीमी है जिससे कि चक्रों में अनावश्यक खलबली ना हो और उनका कार्य लयबद्ध एवं एक दूसरे से तालमेल के साथ सुचारु रुप से चले।

## अनाहत चक्र का मानसिक चित्रण

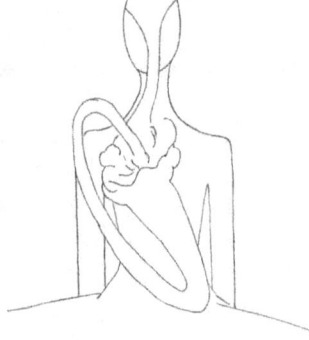

*यह आकृति हमारे अंदर निरंतर*
*क्रियाशील सर्जनात्मक तत्व को दर्शाती है।*

**अनाहत चक्र :** इस श्वसन क्रिया द्वारा अनाहत चक्र पूर्ण रुप से खिलता है। आज्ञा चक्र का विस्तारण होता है। यह विशुद्धि चक्र तक आगे बढ़कर, मणिपुर चक्र तक नीचे आकर अंग्रेजी यू अक्षर के समान आकार ले खिले हुये अनाहत चक्र में प्रवेश करता है। सभी प्रकारों के भिन्न-भिन्न केन्द्रों से प्राप्त किया हुआ ज्ञान अनाहत चक्र (हृदय) में एकत्रित होता है। हमारे स्वंय की योग्यता, स्वयं का प्रेम, दया और स्पर्श या ऊर्जा प्रसारण द्वारा रोग को दूर करने की क्षमता यह सभी जागृत अनाहत चक्र के गुण है।

इस चक्र का तत्व वायु (स्पर्श) है और स्पर्शेंद्रिय त्वचा है। अनाहत चक्र (हृदय चक्र) के प्रभावित होने पर एक दूसरे के प्रति होनेवाली पारस्परिक संवेदनाओं का अनुभव दोनों व्यक्तियों को होता है। तब वे एक दूसरे का आलिंगन करते हैं। एक व्यक्ति जब दूसरे व्यक्ति का आलिंगन करता है तो वे दोनों एक दूसरे के हृदय में उठनेवाली भावनाओं को महसूस करते है। एक दूसरे के मन में उभरती भावनाओं को जान सकने का बोध होता है क्योंकि वह आत्मा से आत्मा का मिलाप होता है। इसलिए आलिंगन करना हृदय चक्र की प्रक्रिया है।

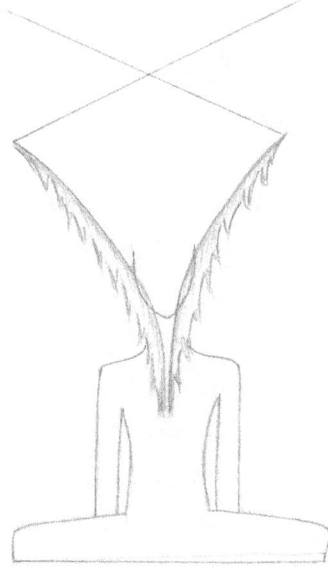

अनाहत चक्र के स्पंदन 'पंख' होने का अहसास कराते हैं। और जैसे जैसे यह स्पंदन तीव्र होते जाते हैं वे एक दूसरे को पार कर एक दूसरे में विलीन होते हैं और इस प्रकार भावनात्मक एवं मानसिक विचारों में संतुलन आता है।

अनाहत चक्र के स्पंदन

हमारे स्थूल शरीर में अनाहत चक्र का संबंध बाल्यग्रंथि (थायमस ग्रंथि) से होता हैं जो कि छाती की हड्डियों के पीछे छाती की कंदरा में ऊपर की और स्थित है।

बारहवाँ अध्याय

# 4. शारीरिक पूर्णत्व श्वसन क्रिया

श्वसन क्रियाओं में चौथी श्वसन क्रिया 'शारीरिक पूर्णत्व' श्वसन क्रिया है। इसके पहले की तीनों श्वसन क्रियाओं में हमने संपूर्ण शरीर का शुद्धिकरण कर उसका संयोजन किया है। प्रत्येक स्नायु विकसित हुआ है, प्रत्येक नाड़ी को शुद्ध किया गया है, प्रत्येक कोशाणु जागृत होकर ऊर्जा से भर गया है और हमारा शरीर 'विश्व का सबसे सुंदर, गहन और अचूक यंत्र' है यह बोध हमें हुआ है।

हमारी साँस द्वारा बाहर आनेवाली वैश्विक ऊर्जा हमारे भीतर ही बंद पड़ी है। श्वसन क्रिया के अभ्यास द्वारा हमारा शरीर स्थूल स्तर से स्पंदन के सूक्ष्म स्तर की ओर जाने लगता है। यह स्पंदन श्वसन की कड़ी साधना के कारण उत्पन्न होते हैं। और तब इस जीवन शक्ति का बोध हमें प्राप्त होता है और हम शरीर एवं मन के पूर्णत्व की ओर बढ़ते हैं।

## शारीरिक पूर्णत्व श्वसन क्रिया करने की मुद्रा

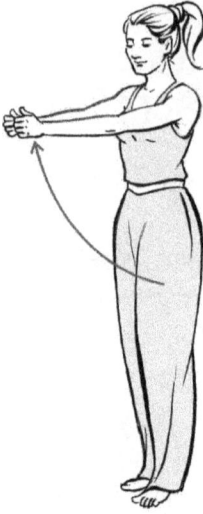

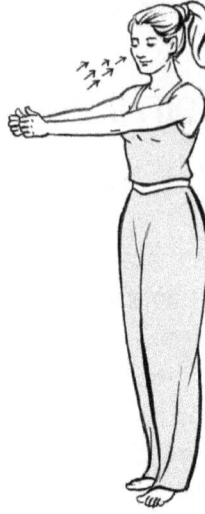

चित्र. 1           चित्र. 2

चित्र. 3           चित्र. 4

टिप्पणी: यह श्वसन क्रिया शक्तिशाली है। कृपया दिये गये निर्देशों का पालन सावधानीपूर्वक करें।

## शारीरिक पूर्णत्व श्वसन क्रिया का अभ्यास

दो आवर्तन से आरंभ करें और धीरे-धीरे 1 या 2 सप्ताह में यह संख्या 7 तक बढ़ायें।

सीधे खड़े रहें और देंखे कि पीठ सीधी है। एड़ियों को सटाकर रखें। पंजे अलग हो। पेट अंदर की ओर खीचा हुआ एवं नितंब कसे हुऐ हो।

1. आपने दोनों हाथ सामने की तरफ सीधे रखें। मुट्ठी बांधकर रखे और दोनों हथेलियाँ एक दूसरे से सटी हुई हों। दोनों बाँहो को तनी हुई पर ज्यादा कड़ी ना रखें। पाँवों से जमीन को जैसे जकड़े हुये हों इस तरह खड़े रहें। अपने शरीर को पूरी तरह से सीधा और दृढ़ रखें।

2. पूरी तरह से साँस अंदर ले। उसे रोककर रखें।

3. दृढ़ता से खड़े रहें। नितंब कसे हुये रखें। अब हाथों को मोड़े बिना जितना हो सके, उतना पीछे की ओर ले जायें। ऐसा करने पर आपकी छाती तन जायेगी। हाथों को आगे लायें और फिर से पीछे ले जायें। ऐसा करते हुये साँस छुटे नहीं, इस पर ध्यान दें। यह कृति तीन बार करें। इसके पश्चात हाथों को बगल में ले आयें और मुँह से शऽ शऽ शऽ की आवाज जोरों से निकालते हुये दाँतो के बीच से साँस छोड़े। पहले के व्यायामों मे जिस प्रकार साँस छोड़ी थी उसी प्रकार इस में भी छोड़नी है।

ऐसा सात बार करने के पश्चात साँस अंदर लेकर छोड़े और मन में अगले पृष्ठ पर दिये गये इस श्वसन क्रिया के समर्थन वाक्यों का उच्चारण करें।

## समर्थन वाक्य और मानसिक चित्रण

छाती की दाएं तरफ आध्यात्मिक हृदय है
जहाँ परमेश्वर निवास करते हैं। ऐसी कल्पना है।

# स्मरण करने हेतु:

संपूर्ण शरीर को ढीला छोड़ दें। पूरी तरह से विश्राँति लेते हुये आप सर्वश्रेष्ठ विचार करते हैं।

*"सृष्टि निर्माण करने वाला जो भी है... वह मैं हूँ।*

*"वह सृष्टि का निर्माता इस वक्त यहीं है... मेरे हृदय में... मेरे मूल में... यहीं मेरे मन में... यहीं मेरे अस्तित्व में...*

*"हे परमेश्वर, मेरे जीवन में प्रकट होइये। आइये मैं प्रतिक्षा कर रहा हूँ... मैं एकाग्रचित्त हूँ... मैं अपने अंतर्मन में झाँक रहा हूँ... मैं निश्चल हूँ... और अब मैं उस निर्माता को अपने मंदिर रुपी शरीर में कार्यरत देख रहा हूँ और अब पूर्ण रुप से आनंदपूर्वक आभार मानते हुए खुद को बिना जताए मैं एक छोटी सी साँस लेता हूँ और लंबी लंबी नि:श्वास छोड़ता हूँ। और अब मैं एक छोटी सी साँस लेता हूँ और तुरंत एक नि:श्वास।"*

## शारीरिक पूर्णत्व श्वसन क्रिया एवं समर्थन वाक्यों का परिणाम

इस श्वसन क्रिया द्वारा 'अनाहत' चक्र और भी विकसित होता है और परिणामस्वरुप आपका ध्येय क्या है यह निश्चित करने की स्वतंत्रता आपको मिलती है। एकबार जब अनाहत चक्र पूर्ण रुप से विकसित हो जाता है तो आप जो भी विचार या इच्छा करते हैं वह फलन्वित होने लगती है। इस कारण आप क्या सोचते हैं या क्या कहते हैं इसकी जवाबदारी बढ़ जाती है और इसीलिये सभी नकारात्मक या अनावश्यक विचारों को पूर्ण रुप से त्याग देना चाहिये।

इन समर्थन वाक्यों का अर्थ बहुत गूढ़ है और इसलिये आपको उनपर विचार करने की आवश्यकता है। आप अपने तन, मन की पूर्णत्वता हासिल करने का प्रयास कर रहे हैं – जिससे कि आपका असली स्वरुप क्या है यह जान सकें।

सर्जनशील शक्ति सर्वज्ञ, सर्वव्यापी एवं सर्व शक्तिमान है। यह शक्ति पूरे जगत का उत्पत्तिस्थान है और जीवन का ऐसा कोई भी रुप नहीं है जिसमें इस शक्ति का अस्तित्व ना हो। आप ज्ञान किस तरह प्राप्त करते हैं यह आपकी विचारशक्ति और अंर्तदृष्टि पर निर्भर करता है। अब हम इस निष्कर्ष पर पहुँच चुके हैं कि 'जग' व 'परमेश्वर' ये दोनों भिन्न-भिन्न ना होकर 'सर्जन' और 'सर्जनकर्ता' के रुप में एक ही है। ईश्वर मनुष्य में है और मनुष्य ईश्वर में है।

अब आप नींव रख रहे हैं इसलिये अपनी वृत्ति एक अबोध बालक की भाँति रखिये। इससे आपको इस ज्ञान की प्राप्ति अधिक तीव्रता से होगी। 'सत्य' बहुत ही सरल है, किंतु हमारी निरंतर प्रश्न करने की एवं शंका-कुशंका करने की आदत के कारण वह हमारे हाथ से फिसलता रहता है। मेरी आपको यह सलाह है कि अब तक आपने जो कुछ भी सीखा है और जिसकी आपने अनुभव की कसौटी पर परीक्षा नहीं ली है वह सब आप भूल जायें। आपके विचारों में किसी भी प्रकार का द्वंद्व नहीं होना चाहिये। आपको अब जो भी सिखाया जा रहा है और करने के लिये कहा जा रहा है, वह करें, धीरे-धीरे आपको सत्य की अनुभूति होने लगेगी।

सत्य के बारे में केवल पढ़ना एक बात है और उस सत्य का अनुभव करना दूसरी बात है। अगर आपको सत्य की अनुभूति नहीं होगी तो आप उसे समझ भी नहीं पायेंगें। वह अनुभव आपका एक हिस्सा नहीं बन पायेगा। केवल किताबी ज्ञान से कुछ भी साध्य नहीं होगा।

इन समर्थन वाक्यों की रचना एक विशिष्ट रुप से की गई है। इन्हें वह शक्ति प्रदान की गई है कि 'आप कौन है' इस सत्य की दिशा में ये आपको ले जा सके। इसके लिये अपने मन को आपको बहुत सावधानी पूर्वक राह दिखानी पड़ेगी। जैसे आप जिस घोड़े पर सवारी करते हैं, उसकी लगाम अपने हाथ में रखते हैं, उसी तरह अपने मन को भी काबू में रखना आवश्यक है। इसके लिये काफ़ी अभ्यास की आवश्यकता है। इसका अर्थ यह हुआ कि आपको अपने शब्दों का चुनाव बहुत सावधानी पूर्वक करना है, जिससे कि हमारे जीवन से अवांछित चीजें अपने आप निष्कासित कर दी जायें और हमारे जीवन में नवीनता का सर्जन हो। हम जो कुछ भी जीवन में पाना चाहतें हैं यह समर्थन वाक्य उसकी चाबी है। आपको अपना अभ्यास पूरी लगन एवं ईमानदारी से करना है। मैं केवल आपको यह बता या दिखा सकती हूँ कि मैंने क्या किया। मैंने प्रयत्न किया। मेरे गुरु द्वारा दिये गये निर्देशों का मैंने पूरी तरह पालन किया और मुझे जो भी कहा गया उस पर मैंने पूरी तरह विश्वास किया। उस पर किसी भी प्रकार की शंका-कुशंका ना करते हुये उस शिक्षा को मैंने मन से ग्रहण किया।

# 5. चुंबकीय श्वसन क्रिया

जब आप श्वसन क्रियाओं का अभ्यास करते हैं तब कभी कभी मन यहाँ वहाँ भटकने से आप गिनती भूल जाते हैं। या फिर समर्थन वाक्यों के उच्चारण में कोई तालमेल नहीं रहता। इसका अर्थ है कि मन जागरूकता पर हावी होकर उस श्वसन क्रिया को नियंत्रित कर रहा है। जैसे जैसे आप अभ्यास में प्रगति करेंगें, आपको मन के निरंतर चंचल स्वरुप का बोध होगा। एक बार यह समझ प्राप्त कर लेने पर साँस मन को अपने काबू में ले लेती है और सही दिशा में उसका मार्गदर्शन करती है। जब साँस धैर्यपूर्ण एवं शांत होती है और मन की शांत निर्विकार स्थिति होती है तब मस्तिष्क के कुछ विशेष केंद्र खुलते हैं और भूतकाल में घटी पिछले जन्मों संबंधी घटनायें याद आने लगती है। आज तक मानव मस्तिष्क और उसकी आयुष्य भर की घटनाओं को संग्रहित करने की शक्ति की तुलना कर सके, ऐसा कोई भी यंत्र नहीं बना है। हमारे अंदर निहित एक विशिष्ट गुण के कारण हम निरोपयोगी पुरानी बातों को भूलकर – वर्तमान की उपयोगी बातें स्मरण कर सकते हैं और जन्म जन्मांतरों की इकट्ठी बातों को भुलाकर नई चेतना से संबंधित ज्ञान को संचित कर सकते हैं। नियमित रुप से हमारी साधना करने पर यह सब संभव हो सकता है।

समयापुरांत चुंबकीय श्वसन क्रिया का अभ्यास आपको अनेक सुखद अनुभव देगा। यह श्वसन क्रिया वास्तव में ऊर्जा बढ़ानेवाली विद्युतीय श्वसन क्रिया है। इसे शब्दों में बयान नहीं किया जा सकता, केवल अभ्यास द्वारा इसकी अनुभूति की जा सकती है। अभ्यास के द्वारा इसका सही रहस्य अपने आप आपके आगे खुलेगा।

# चुंबकीय श्वसन क्रिया की मुद्रा

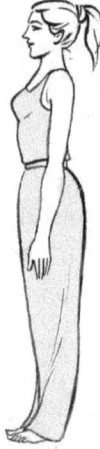

चित्र. 1          चित्र. 2

चित्र. 3          चित्र. 4

टिप्पणी: यह श्वसन क्रिया शक्तिशाली है। कृपया दिये गये निर्देशों का पालन सावधानीपूर्वक करें।

## चुंबकीय श्वसन क्रिया का अभ्यास

शुरुआत में केवल 2 बार करें। अगले 1–2 सप्ताह में धीरे-धीरे 7 बार तक बढ़ें।

पहले की श्वसन क्रिया की भाँति सीधे खड़े रहें। परन्तु इस बार दोनों हाथों को अपनी बगल में रखें। पीठ सीधी तनी हुई रखें। नितंब कसे हुये और पैरों को कसकर जमीन पर रखें।

1. एक लंबी पूरी साँस अंदर लें। साँस को अंदर रोक कर रखें।

2. अपने शरीर को पैर से लेकर सिर तक स्थिर रखें। अपने हाथों को तीन बार वर्तुलाकार घुमायें। दोनों हाथों को छाती तक उठाकर सीधे सिर के ऊपर ले जायें। वहाँ से पीछे की तरफ और फिर नीचे लाते हुये फिर से प्रारंभिक स्थिति में ले आयें। इस प्रक्रिया को तीन बार दोहरायें।

3. तीन बार ऐसा करने के पश्चात हाथों को शरीर के बगल में लाइये और जोर से शूऽ शूऽ शूऽ ऐसी आवाज मुँह से निकालें। पर इस वक्त छाती को शिथिल ना होने दें। इस तरह से एक आवर्तन हुआ।

सातवीं और अंतिम बार में साँस अंदर लेकर छोड़ें, शरीर को ढीला छोड़ दें और इस श्वसन क्रिया के आध्यात्मिक समर्थन वाक्यों को मन में दोहरायें।

## समर्थन वाक्य और मानसिक चित्रण

*अतीत की खोह में से पुरानी यादें बाहर लाता आज्ञा चक्र*

## स्मरण करने हेतुः

*''अब वह तरल भावना मेरे पूर्ण शरीर में फैल रही है... मुझे संपूर्ण रुप से तनावमुक्त कर रही है।*

*''अपने अतीत के सबसे सुंदर विषय के बारे में मैं सोच रहा हूँ। अब वह सुंदर दृश्य, शायद बहुत पहले का या बहुत दूर से, मेरे मन की (अतीत की गहराइयों से) आँखों के सामने एकदम स्पष्ट रुप से दिख रहा है जैसे कि कुछ क्षण पहले ही घटित हुआ हो।*

*''हे ईश्वर, मैं आपका आभारी हूँ, हे विश्व के नियम, मैं आपका आभारी हूँ – मेरी स्मरणशक्ति के लिये मैं आभारी हूँ।*

*मैं अपनी स्मरणशक्ति के लिए प्रभु और विश्व के नियमों का आभारी हूँ।*

*''मेरे अतीत (भूतकाल) की कोठरी से वह सुंदर घटना बाहर निकालने में मेरी मदद करने के लिये, मैं आभारी हूँ;* (यह कहने के बाद, अपने दाहिने हाथ की मुठ्ठी को कसकर बंद करें। जैसे कि उस आनन्ददाई घटना को आपने उसमें जकड़ लिया है। अब समर्थन वाक्य कहते हुये साथ में ही अपने बाएं हाथ से नकारात्मक विचारों को असफलतापूर्वक अपनी दाएं बंद मुठ्ठी में डालने का प्रयत्न करें।) *मैं प्रतिज्ञा करता हूँ कि इस क्षण के पश्चात किसी भी प्रकार का कोई भी नकारात्मक विचार मेरे मन में प्रवेश नहीं करेगा। रोग, बीमारी, सठियापन, बुढ़ापा, निराशा, असफलता, मृत्य का कोई भी विचार अब मैं नहीं करुंगा (अब अपनी दाँई मुठ्ठी की पकड़ को ढीला कर दें और*

*समर्थन वाक्य जारी रखते हुये अपने बाएं हाथ की उंगलियों को इस दाँयी ढीली पड़ी हुई मुठ्ठी के अंदर जाने दें) मेरे मन में कुछ भी प्रवेश नहीं करेगा जो मेरे सत्य की कल्पना के विरुद्ध हो अपितु केवल वही जो सर्वोच्च है, मेरी स्वयं की सत्य की सर्वश्रेष्ठ धारणा से सांमजस्य में है, उसमें प्रवेश करेगा और अब मैं संपूर्ण मानवजाति का आचरण देख रहा हूँ – मैं मेरा पूर्ण आचरण देख रहा हूँ।*

*''अब आनंदित महसूस करते हुये व आभार प्रकट करते हुये, मैं एक बार फिर मेरे अस्तित्व में समावेशित उस दृश्य को देखना चाहता हूँ, और एक लघु श्वास लेकर एक लंबी, दीर्घ, व्यापक नि:श्वास लेता हूँ।''*

*''और अब मैं एक और लघु श्वास और एक द्रुत नि:श्वास लेता हूँ।''*

## चुंबकीय श्वसन क्रिया एवं समर्थन वाक्यों का परिणाम

एक श्वसन क्रिया से दूसरी श्वसन क्रिया की ओर अग्रसर होते हुये पहले जागृत एवं शक्तिशाली बने चक्र अपने आगे आनेवाले चक्र को क्रियाशील करने का कार्य करते हैं। सहस्त्रार केंद्र, आज्ञा चक्र, विशुद्धि चक्र एवं अनाहत चक्र – इनको शक्तिशाली बनाती हुई इस श्वसन क्रिया द्वारा मणिपुर चक्र भी जागृत होता है। अब तक आपने इन श्वसन क्रियाओं एवं इनके समर्थन वाक्यों में निपुणता हासिल कर ली होगी। इससे इन चक्रों में संचित विषैले तत्वों से मुक्ति मिलेगी। अगर आप नियम पूर्वक मन से अभ्यास करेंगें तो किसी ना किसी रुप में उसके परिणाम आपको जरुर प्राप्त होंगे। यह आपके जाने अनजाने में भी हो सकता है। कुछ समय पश्चात आपके द्वारा किये जा रहे ध्यान के अभ्यास के परिणाम स्वरुप आप में कौन से बदलाव हो रहे हैं इसका बोध भी आपको होने लगेगा।

इस श्वसन क्रिया में आप अपने हाथों को हर बार तीन बार गोल घुमाते हैं, इसका क्या उद्‌देश्य है? जब आप अपना अभ्यास नियमित एवं अपेक्षित तरीके से करते हैं तो काफ़ी मात्रा में ऊर्जा तैयार होती है और वह शक्तिशाली हो चुके चक्रों में सर्वत्र फैल जाती है। इस तरह निर्मित ऊर्जा सूक्ष्म शरीर में अधिक मात्रा में इकठ्ठा होने पर हमारे स्थूल शरीर में अस्वस्थता पैदा करती है इसलिये ऊर्जा की इस अधिक मात्रा को विसर्जित करना आवश्यक होता है। इस तरह से शरीर के चारों तरफ गोलाई में भुजाओं को घुमाने से चक्रों की गतिविधि बढ़ने के साथ-साथ इस शक्ति का भी संतुलन होता है। इससे हमारी आगे की यात्रा सरल होती है एवं अवांछित तत्वों से छुटकारा मिलता है।

## आज्ञा चक्र

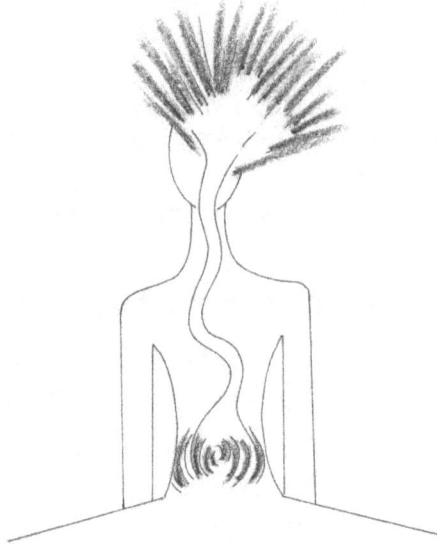

*आज्ञा, विशुद्धि, अनाहत और मणिपुर चक्रों के बीच ऊर्जा का स्वतंत्र प्रवाह।*

जब आप श्वसन क्रिया का दैनिक अभ्यास करते हैं, तब सभी चक्रों का पुन: ऊर्जीकरण करते हैं। प्रथम पाँच श्वसन क्रियायें अपना ध्यान सहस्त्रार, आज्ञा, विशुद्धि एवं अनाहत चक्र पर केंद्रित करती हैं और इसलिये सभी चक्रों का शुद्धिकरण करते हुये यह श्वसन क्रिया सहस्त्रार, आज्ञा और विशुद्धि चक्रों की गतिविधियों को उत्कृष्टता तक ले जाने का कार्य जारी रखती है।

एक बार (जब) आज्ञा चक्र विकसित हो जाता है तो वह साक्षी केंद्र बन जाता है। दूसरे शब्दों में साधक अपने तन, मन में होती सभी घटनाओं का अनासक्त प्रेक्षक बन जाता है। वह एक ऐसी चेतना विकसित करता है जिसके द्वारा सभी दृश्य (नजर आनेवाली) घटनाओं में छुपे वास्तविक मर्म (गूढ़ अर्थ) को समझ सकता है।

स्वामी सत्यानन्द सरस्वती के अनुसार –

*''जब आज्ञा चक्र जाग्रत होता है तो घटनाओं के अर्थ एवं उनके संदर्भ की जानकारी प्राप्त होती है और यह बिना प्रयत्न किये सहजता से अंतर्ज्ञान द्वारा मिलता है। तब व्यक्ति 'दृष्टा' बन जाता है।''*

पिछले पन्ने पर दर्शाये हुये चित्र से पता चलता है कि हमारे द्वारा की गई श्वसन क्रियाओं द्वारा आज्ञा एवं मणिपुर चक्र के बीच कुंडलिनी शक्ति का स्वतंत्र आवागमन संभव हुआ है। पहली पाँच श्वसन क्रियाओं के अभ्यास के द्वारा नीचे की तरफ बहनेवाली शक्ति का सहस्त्रार केंद्र से लेकर अगले चार चक्रों तक का मार्ग बाधाहीन करने का उद्देश्य सफल हो गया है।

## मणिपुर चक्र

मणिपुर चक्र जोश, ऊर्जा, इच्छाशक्ति और ध्येयपूर्ति का केंद्र है। इसकी तुलना अक्सर सूर्य की प्रखर उष्मा से की जाती है। जिस प्रकार सूर्य अपनी सौर ऊर्जा एवं उष्णता पृथ्वी वासियों के भरण पोषण के लिये प्रदान करता है उसी प्रकार से मणिपुर चक्र पूरे शरीर को ऊर्जा प्रदान करता है। किसी भी फायदे या लाभ की अपेक्षा किये बिना की गई नि:स्वार्थ सेवा से यह चक्र संतुलित होता है। नि:स्वार्थ सेवा से कर्म कटते हैं। पूर्व जन्मों के कर्मो का नाश होता है।

अच्छे स्वास्थ्य और शारीरिक शक्ति के लिये आवश्यक जुनूनी भावना इस चक्र पर ध्यान केंद्रित करने से उत्पन्न होती है। जब चेतना मणिपुर चक्र से ऊपर की तरफ प्रवाहित होती है और आज्ञा चक्र एवं मणिपुर चक्र के बीच उसका स्वतंत्र आवागमन प्रारंभ हो जाता है तो व्यक्ति अपने जीवन की घटनाओं का स्वामी बन जाता है। इस चक्र का मूलतत्व 'अग्नि' (दृष्टि) और ज्ञानेंद्रिय 'नेत्र' है।

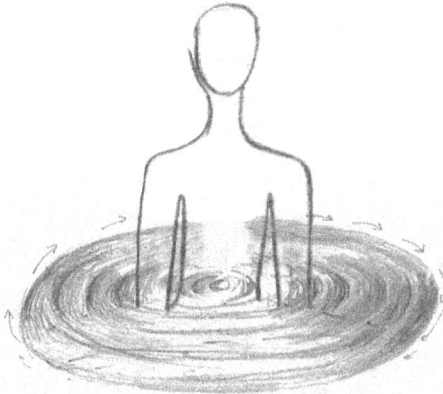

*मणिपुर चक्र के विकसित होने पर उससे निकलनेवाले स्पंदन*

*एक साथ कार्य करते हुये विशुद्धि एवं मणिपुर चक्र*

ऊपर दिखाये हुये चार चक्रों के बीच ऊर्जा का स्वतंत्र प्रवाह इस बात को दर्शाता है कि व्यक्तिगत चेतना अब लौकिक एवं परलौकिक स्तर पर किसी भी परिस्थिति को समभाव से संभालने में समर्थ है। विरुद्ध प्रवृति के मुख्य गुणधर्मों से आगे बढ़कर चेतना अब द्वेष, द्रोह, हिंसक वृत्ति, स्वार्थ, घृणा, लालच, ईर्ष्या एवं धारणा से परे चली गई है।

चेतना पूर्वक ली गई साँस के द्वारा नाड़ियों का विस्तरण हो, उनके अंदर निहित जानकारी प्रकट होती है।

यह ध्यान रखें कि सूक्ष्म चेतना केवल मस्तिष्क में ना होकर सर्वत्र फैली हुई है। जब आप साँस पर ध्यान केंद्रित करते हैं तो अच्छी व बुरी दोनों प्रकार की जानकारी प्रकट होती है। समर्थन वाक्यों के द्वारा हम दोनों तरफ की परस्पर विरोधी बातो में संतुलन कायम कर सकते हैं। इससे हमारी चेतना में वृद्धि होती है।

ऊर्जा के स्वतंत्र प्रवाह के कारण, ऊपरोक्त चार चक्रों के स्तरों में भूतकाल में संचित की गई यादों के बाहर निकालने से सभी अड़चनें दूर होने लगती है। अनेक समस्याओं का समाधान होता है और परिणाम स्वरुप जिन समस्याओं से शारीरिक व्याधियाँ होने की संभावना होती है वे व्याधियाँ नष्ट हो जाती हैं। भय एवं असुरक्षा की भावना से छुटकारा मिलता है। जिन परिस्थितियों से आप गुजर रहे हैं उनका कारण अचानक से आपको पता चलेगा। आपकी दकियानूसी विचारधारा से यह कारण आपको पहले कभी भी समझ में नहीं

आते थे यह बात आप जानेंगें। अब आप यह भलीभाँति समझ गये हैं कि यह सब पूर्व संचित कर्मों का एक हिस्सा था और इसे नष्ट करना आवश्यक था। परिस्थितियाँ नहीं बदलती हैं। बदलाव आप में आता है और उसी परिस्थिति को आप एक संतुलित एवं नये नजरिये से देखते हैं।

इन चक्रों के संतुलन द्वारा नीचे दिये गये गुण हम पा सकते हैं:

**सादगी:** यह एक मानसिक वृत्ति है। मन की इस स्थिति में किसी एक बात पर ध्यान केंद्रित करना आवश्यक है।

**सहनशीलता:** यह एक शारीरिक अवस्था है। शरीर की विश्राँति और तनावरहित स्थिति होने पर यह स्थिति प्राप्त होती है।

**करुणा:** यह एक भावनात्मक वृत्ति है। इसके अंदर आनंद व प्रेम का समावेश होता है।

मास्टर चार्ल्स केनन के अनुसार –

*''इन तीनों वृत्तियों में संतुलन प्राप्त किये बिना बाकी की वृत्तियों में वास्तविक संतुलन प्राप्त करना संभव नहीं है। शारीरिक, भावनात्मक एवं मानसिक यह तीन वृत्तियाँ हमारी अन्य वृत्तियों के मुकाबले अधिक प्रबल एवं प्रमुख है और इनके कारण हमारी चेतना अस्पष्ट और दुरूह होती जाती है। अगर हम लगन पूर्वक साधना नहीं करेंगे तो इन तीन वृत्तियों को हम संतुलित नहीं कर पायेंगें और ध्यान पर प्रभुत्व भी हासिल नहीं कर पायेगें। एक बार ये तीनों वृत्तियाँ संतुलन में आ जाती है तो सूक्ष्म चेतना एक निर्लिप्त दृष्टा की भाँति तैयार हो जाती है। इसके पश्चात् हम इस प्रबल हुई सूक्ष्म दृष्टि द्वारा शारीरिक मानसिक एवं भावनात्मक वृत्तियों का निरीक्षण कर सकते हैं। यह सूक्ष्म दृष्टि ध्यान के समय अधिक प्रबल होती है। यह मानसिक स्थिति सभी स्तरों पर पूर्ण रुप से निर्लिप्त होती है और हम उस निःशब्दता का अवलोकन कर पाते हैं।''*

स्थिर बैठिये। पूर्ण रुप से शांत और आनंदित। अपने अंदर की आवाज को सुनने का अभ्यास करें। तनाव मत डालिये। कामयाबी विश्रांत स्थिति में बैठने पर निर्भर करती है।

इन पाँच श्वसन क्रियाओं द्वारा आपने अधोगामी शक्ति का मार्ग सरल कर दिया है। आपको अपने अंदर बदलाव महसूस हो रहा होगा, एकाग्रता में वृद्धि होगी, आप शरीर और मन में हल्का महसूस करेंगें। आप में से कुछ अपने अंदर हो रहे बदलाव को देख व महसूस भी कर पा रहे होंगे।

# 6. शुद्धिकरण श्वसन क्रिया

*शुद्धिकारक उर्ध्वगामी कुंडलिनी*

यह एक अत्यंत महत्वपूर्ण श्वसन क्रिया है क्योंकि यह हमें प्रगति के अगले चरण की ओर अग्रणी करती है। यह हमें ऊपर की ओर बहने वाली शक्ति के प्रवेश मार्ग की तरफ ले जाती है। अभ्यास को बहुत सावधानी पूर्वक करना है और इसके द्वारा उत्पन्न होनेवाली भावनाओं का बारीकी से निरीक्षण करना है। नियमित एवं एकाग्रचित्त अभ्यास द्वारा आपने चक्रों को शुद्ध एवं स्वच्छ किया है और सारे नकारात्मक गणनांकों को बाहर निकाल फेंका है। इससे इस श्वसन क्रिया द्वारा उत्पादित शक्ति सरलता से ऊपर की ओर प्रवाहित हो सकेगी। आपने श्वसन क्रिया एवं उनके संबंधित समर्थन वाक्यों द्वारा अपने सूक्ष्म शरीर के खाँचो को दोष मुक्त कर दिया है। शरीर एवं मन में संचित भाविक कल्पनाओं को बाहर निकाल कर आपने अपनी साँस के प्रभाव को शक्तिशाली बनाया है। साँस अंदर लेने और जोरों से बाहर छोड़ने के कारण आपको राग, द्वेष, चिंता एवं स्वयं के प्रति महसूस होनेवाले संशय जैसी भावनाओं से मुक्ति मिलती है। इसलिये पूरे विश्वास के साथ इस श्वसन क्रिया का अभ्यास आरंभ करें।

## शुद्धिकारक श्वसन क्रिया की मुद्रा

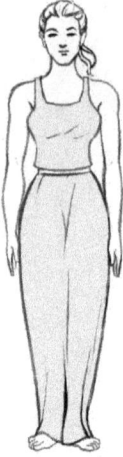  

चित्र. 1          चित्र. 2          चित्र. 3

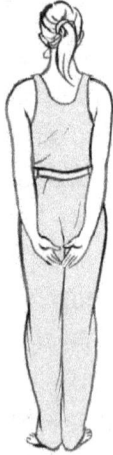  

चित्र. 4          चित्र. 5          चित्र. 6

टिप्पणी: यह श्वसन क्रिया शक्तिशाली है। कृपया दिये गये निर्देशों का पालन सावधानीपूर्वक करें।

## शुद्धिकारक श्वसन क्रिया की पद्धति

इस श्वसन क्रिया के साथ आप 'स्व की खोज' की यात्रा के दूसरे दौर में प्रवेश करेंगें। यह एक महत्वपूर्ण दौर है जहाँ कुंडलिनी शक्ति जागृत होने लगेगी और अगर आप अपने आध्यात्मिक श्वसन क्रिया के अभ्यास को लगनपूर्वक करेंगे तो यह शक्ति निर्बाध रुप से प्रवाहित होगी।

दो आर्वतनों से शुरू करें। धीरे-धीरे अगले एक या दो सप्ताहों में सात बार करना आरंभ करें।

पूर्व श्वसन क्रिया की भाँति ही सीधे खड़े रहें। नितंब कसे हुऐ हों। पंजो को जमीन पर दबाकर रखें। पैरों को सीधा रखें। पैर जंघा व नितंब कसे हुए हो। घुटनों को पीछे की तरफ तानकर रखें और सबसे महत्वपूर्ण है – पीठ को एकदम सीधा रखें।

1. शरीर को सीधा रखें। हथेलियों को एक दूसरे पर रखते हुये दोनों अंगूठों को एक दूसरे में अटका दें। अब हाथों को पीछे की तरफ जितना हो सके, उतना तानें। पूर्ण रुप से साँस लें (आपको ऐसा प्रतीत होगा जैसे कि छाती के फूलने से दोनों हाथ एक दूसरे से विलग हो रहे हैं।) नितंब और पैरों को सीधे तान कर रखें।
2. जब पूरी छाती साँस से भर जाये तो धीरे से दोनों हाथों को खोल दें। ऐसा करते हुये एक भी स्नायु को शिथिल ना होने दें। इस बात पर ध्यान दें। हाथों को कड़ा रखते हुये अपनी बगल में ले आयें। हाथों की उंगलियाँ नीचे की दिशा में रखे। यह ध्यान दें कि नितंब कसे हुए हों।
3. कंधो को उचकाने के भाव से, हाथों को सीधा रखते हुये बगल से ऊपर की तरफ लायें। उन्हें सीधा अपने सिर के ऊपर ले जायें और पीछे की तरफ ले जाते हुये फिर से प्रारंभिक स्थिति में ले आयें। साँस को जरा भी बाहर ना छोड़े और शरीर तना हुआ रखते हुये ऐसा तीन बार करें। निश्चित करें कि आप तीन बार हाथों को घुमाते हैं – हाथों को समानान्तर रखे, आगे लायें, सिर के ऊपर ले जायें और फिर से आरंभावस्था में।
4. हाथों को शरीर के बगल में लायें और सीधे खड़े रहकर जोरों से शऽऽऽ ऐसी आवाज करते हुये मुँह से साँस बाहर छोड़ें। सातवीं बार ऐसा करने के पश्चात साँस अंदर ले और फिर बाहर छोड़ें और मन में इस श्वसन क्रिया के समर्थन वाक्यों को दोहरायें। लगनपूर्वक अभ्यास करने वाले साधकों के लिये इन सभी श्वसन क्रियाओं में यह श्वसन क्रिया अत्यधिक रुप से फलदायक है। इसके द्वारा उन्हें स्वयं के भीतर होने वाले सूक्ष्म प्रवाह का बोध होता है।

## समर्थन वाक्य और मानसिक चित्रण

*दिव्य प्रेम की अग्नि शरीर को परिग्रहित करती (निगलती) हुई।*

### स्मरण करने हेतुः

श्वसन क्रिया पूरी हो जाने पर जब आप पूरी तरह से विश्राँति ले लें तो समर्पण की भावना के साथ इन समर्थन वाक्यों को मन में दोहरायें। इन समर्थन वाक्यों को कहते हुये अपने हाथों से ऐसी मुद्रायें बनायें जैसे कि आग की लपटें अपनी रीढ़ की हड्डी के मूल में से ऊपर की ओर उठते हुये शरीर के बाहर की तरफ जा रही है। आपको बताई हुई यह मुद्रा करना अत्यावश्यक है क्योंकि इसके पीछे एक उद्देश्य है।

*''मुझे अब अपने मेरुदंड के मूल में एक प्रचंड ताप महसूस हो रहा है... वह ऊपर की ओर आ रहा है... ऊपर... ऊपर... ऊपर।*

*''मैं एक ज्योति की और उसमें से निकलने वाले एक तेजस्वी प्रकाश की कल्पना कर रहा हूँ। यह ज्योति ऊर्जा देनेवाली अग्नि में से प्रकट होती है। मेरे अंर्तमन में बसी दिव्य प्रेम की वह अग्नि। वह ऊपर और बाहर की दिशा में जा रही है। ऊपर की दिशा में व बाहर की तरफ... ऊपर की दिशा में व बाहर की तरफ... वह शरीर की सतह से टकराती है... वह शरीर से बाहर जाती हुई प्रतीत होती है... ऊपर व बाहर, ऊपर बाहर...।*

*''मैं अपने मस्तक का विचार कर रहा हूँ और देखता हूँ कि मेरा पूर्ण शरीर रोशनी से आलोकित है... रोशनी... रोशनी... दिव्य ज्ञान की रोशनी जो सभी सजीवों में है।*

*''अब हौले से स्वंय को ज्ञात न होने देते हुये, मैं एक लघु श्वास लेता हूँ और एक दीर्घ, लंबी निःश्वास अब मैं एक और लघु श्वास लेता हूँ और एक द्रुत निःश्वास।''*

## पहली और छठी श्वसन क्रिया की व्याख्या एवं महत्व

स्मृतिवर्धक श्वसन क्रिया यानि की श्वसन क्रियाओं के पहले प्रकार में हमने सर्जनशील चेतना के प्रेम का अनुभव प्राप्त किया। उस दिव्य प्रकाश से जो रोशनी प्रकट होती है वह है प्रेम। यह प्रेम स्वार्थी व्यवहारिक प्रेम नहीं है। दिव्य प्रेम अर्थात ईश्वर का या सर्जनशील चेतना का प्रेम जिसके कारण इस विश्व में संतुलन और तालमेल का निर्माण होता है।

शुद्धिकारक श्वसन क्रिया में आप ऊपर वर्णन किये हुये विचार के विरुद्ध सोचते हैं। समर्थन वाक्य के अनुसार दिव्य शक्ति में प्रेम की अग्नि स्थित है। यह अग्नि कुंडलिनी शक्ति जहाँ सुषुप्तावस्था में है, उस मेरुदंड के मूल से मूलाधार चक्र की ओर ऊपर की तरफ बहने लगती है। इसकी उष्णता ऊपर की दिशा में प्रवाहित होने के समान महसूस होती है। इसके पश्चात समर्थन वाक्य के अनुसार ‘‘उस ज्योति से एक दिव्य प्रकाश बाहर आ रहा है वह प्रकाश जो अग्नि से आ रहा है जो उष्मा देती है... मेरे अंर्तमन में बसी दिव्य प्रेम की वह अग्नि – वह ऊपर और बाहर की तरफ गतिशील है। ‘‘इस अग्नि या उष्णता से आपको कोई भी क्षति नहीं पहुँचेगी क्योंकि स्मृतिवर्धक श्वसन क्रिया के अभ्यास द्वारा आपने पहले ही से दिव्य चेतना और दिव्य प्रेम अपने अंदर संचित कर लिया है। इस उष्मा को ऊपर और बाहर की तरफ ले जाते हुये मानो आप पूरे जगत् पर उस दिव्य प्रेम की वर्षा कर रहे हैं।

*कुंडलिनी की शुद्धिकरण प्रक्रिया का दूसरा दृश्य*

## श्वसन क्रिया और समर्थन वाक्य के प्रभाव

अगर आप पिछली पाँच श्वसन क्रियायें और उनके समर्थन वाक्यों का अभ्यास नियमित रुप से कर रहे हैं तो उर्ध्वगामी बहनेवाली शक्ति के मार्ग पर चलने के लिये आप लगभग तैयार हैं। 'लगभग तैयार हैं' अर्थात आप ऐसे मुकाम पर पहुँच गये हैं जहाँ पर आपका मन और भावनाऐं एक संतुलित स्थिति में है और क्रोध, चिंता, प्रेम, आसक्ति, निराशा, द्वेष, अतीत में सहे कष्टों की दुःख भरी यादों को आप सहन कर सकते हैं। अगर आप ऐसे विशिष्ट मुकाम पर पहुँच गये हैं तो आप 'कुंडलिनी' शक्ति के जागृत होने के बहुत करीब पहुँच गये हैं। अगर आपने किसी को 'गुरु' नहीं माना है तो आप अपने अंदर निहीत प्रेरणा का आवाहन कर आगे बढ़ें।

यह महत्वपूर्ण है क्योंकि जब उर्ध्वगामी शक्ति प्रवाहित होने लगती है तो आपकी कल्पना, आपकी पटकथा, आपके मन के भय, असुरक्षा की भावना, पारस्परिक संबध व मोहमाया, जीवन भर संचित की हुई यादों के ढ़ाँचे को हिला देती है। केवल आपकी व्यक्तिगत परिस्थिति ही नहीं बल्कि आसपास की समुचित परिस्थितियों में भी बदलाव नजर आता है।

ऊपर से नीचे की तरफ बहने वाली अधोगामी शक्ति चक्रों में से बहने के कारण आप में भी कुछ बदलाव होने लगते हैं। इसके कारण इस उर्ध्वगामी शक्ति को पूरी जवाबदारी और चेतनापूर्वक स्वीकार करने की शारीरिक और मानसिक क्षमता आपने प्राप्त की है। जो पहले जटिल और पेचीदा प्रतीत होता था वह अब बिल्कुल सीधा और सरल लगता है।

आप जो अभ्यास कर रहें हैं वह आपको 'स्वंय के साथ' का संबंध स्मरण कराने में मदद करता है। आशा है कि आप एक नियत समय पर खुले स्थान में अथवा एक खिड़की के सामने, खाली पेट और ढ़ीले वस्त्र पहनकर अभ्यास कर रहें हैं। यह महत्वपूर्ण है क्योंकि एक नियत जगह पर किये गये अभ्यास और ध्यान द्वारा उस जगह पर विशिष्ट स्पंदनों का निर्माण होता है। इसके कारण आपको अपनी प्रगति में काफ़ी तरक्की मिलती है।

## मूलाधार चक्र

इस छठी (शुद्धिकारक) श्वसन क्रिया और उसके समर्थन वाक्यों द्वारा हम मेरुदंड के आधार में पेरीनीयम के स्थान पर स्थित 'मूलाधार चक्र' को जागृत करते हैं। कुंडलिनी शक्ति कुंडली मारकर इस स्थान पर सुप्त अवस्था में स्थित है। इस चक्र का मूल तत्व 'पृथ्वी' और ज्ञानेंद्रिय नाक (सुगंध) है। सभी मानसिक सुगंधें (यह सुगंध केवल साधकों को ही आती है) यहीं से उत्पन्न होती हैं। ईडा व पिंगला शुद्ध होती हैं। उस वक्त यहाँ पर एक जागरण होता है और कुंडलिनी शक्ति प्रकट होती है। सभी प्रकार की वासनायें, क्लेश और क्लांति इसी स्थान पर संचित होते हैं। इन सबसे मुक्ति पाने के लिये उस शक्ति को इस चक्र से आगे बढ़ना चाहिये। शरीर के अनुसार गुदाद्वार, मूत्राशय, लैंगिक और प्रजनन के अवयवों के साथ इसका संबंध होता है।

### अणु और कोशाणु

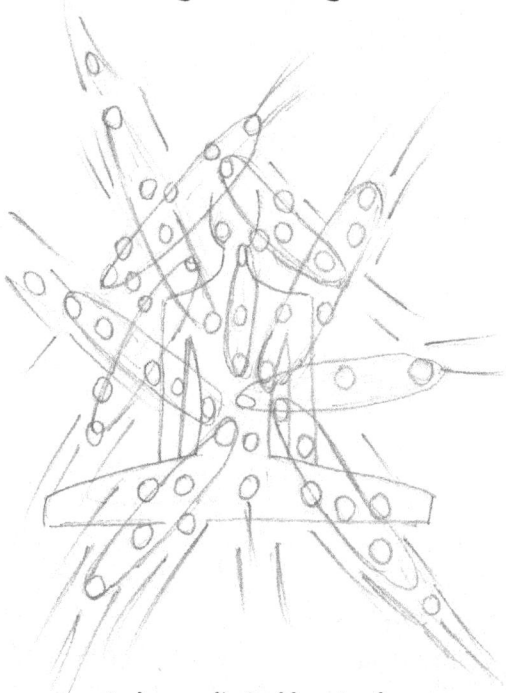

*शरीर के अणुओं की होनेवाली पुर्नव्यवस्था*

ऊर्ध्वगामी शक्ति जब ऊपर की ओर बहने लगती है तो हमारे शरीर की रचना करनेवाले अणु उत्तेजित होकर पिंग-पाँग की गेंद के समान अनियमित पद्धति से यहाँ वहाँ घूमने लगते हैं और इसकी अनुभूति आपको शारीरिक, मानसिक व दृष्टीय स्तरों पर होने लगती है। ध्यान के दौरान यह प्रक्रिया तब तक जारी रहती है जब तक इन अणुओं को एक नये रुप में पुर्नव्यवस्थित ना कर दिया जाये। उसी प्रकार कोशाणुओं की भी नवीन रचना की जाती है और एक नई चेतना का उदय होता है। इसके पूर्व हम कितने अज्ञानी थे इसका आभास भी हमें होता है।

मानव शरीर असंख्य अनगिनत एक दूसरे के पूरक कोशाणुओं से बना है और एक दूसरे के कार्यो में मदद करते हुये वे शरीर का कार्यसंचालन करते हैं। प्रत्येक कोशाणु वांशिक नियमों के अनुसार उत्पत्ति करने वाली शक्ति द्वारा हड्डियों, त्वचा, बाल इत्यादि की रचना करता है और इस तरह हमारी स्थूल देह का निर्माण होता है।

*कोशाणुओं का बिखराव*

यह कोशाणु यानि कि जन्म जन्मांतर से हमने जो ज्ञान प्राप्त किया है उसका भंडार है। कोशाणुओं का निरंतर विकास एवं नूतनीकरण होता रहता है। जिस तरह हमारी साँस अपने आप बहती है या हमारे चेतनापूर्वक दिये गये निर्देशों के अनुसार एक विशिष्ट रुप से बहती है, उसी प्रकार यह कोशाणु अपनी इच्छा अनुसार कार्य करते हैं।

आप प्रत्येक कोशाणु में निहित शक्ति को अपने उद्देश्य और चेतना के आधार पर निर्देशित कर सकते हैं। यह परिवर्तन की प्रक्रिया है। इससे व्यवस्था का संतुलन होता है।

## श्रद्धा

श्रद्धा का अर्थ क्या है ? ओशो कहते हैं – 'जब आप कोई बात सिद्ध नहीं कर पाते हैं फिर भी उसपर विश्वास करते हैं उसे श्रद्धा कहते हैं। श्रद्धा बौद्धिक नहीं है, वह एक तत्व प्रणाली नहीं है। यह एक अशक्य और अज्ञात जगह पर छलांग लगाने जैसा है। जब आप ऐसे एक मुकाम पर आते हैं जहाँ पर बुद्धि तर्क के अंतिम पड़ाव पर पहुँच जाती है उससे आगे नहीं जा पाती, तब क्या ? आप यह जानते हैं कि जिस ठिकाने पर बुद्धि रुक गई है उससे आगे भी कोई पड़ाव है। तब आप क्या करेंगे ? अगर आप आगे क्या है यह जानने की तीव्र इच्छा रखते हैं तो आपको एक लंबी छलांग लगानी पड़ेगी – एक 'परिमाणिक' छलांग। सामान्य भाषा में कहें तो... परिमाणिक छलांग का अर्थ है खतरा उठाना। यह अपरिचित प्रदेश में बिना मार्गदर्शक के प्रवेश करने जैसा है। इसका यह भी अर्थ है कि दूसरा कोई भी ना उठाये ऐसे खतरे उठाने के लिये आप तैयार हैं।

पंद्रहवाँ अध्याय

# 7. तारुण्यवर्धक श्वसन क्रिया

पूरी तरह से वैज्ञानिक रुप से विकसित की हुई आध्यात्मिक श्वसन क्रिया का अनुसरण, रोगनिवारण और कायापालट की भिन्न अवस्थाओं में आपकी साँस को मार्गदर्शित करता है। हमारे अस्तित्व के मानसिक, भावनात्मक व शारीरिक स्तरों पर इसकी प्राप्ति होती है। अगर दिये गये निर्देशों का सख्ती से पालन नहीं किया गया और दिया गया क्रम नहीं बनाये रखा (श्वसन क्रिया एक दूसरे में चेन की कड़ियों की भाँति जुड़ती है) तो मानसिक, भावनात्मक एवं शारीरिक अस्वस्थता महसूस हो सकती है।

आपके द्वारा हासिल की गई रोगनिवारण शक्ति किस स्तर पर पहुँची है इसका ज्ञान आपको समर्थन वाक्य देते हैं। आपके शरीर में जिस स्थान पर दर्द या दुखाव है उस स्थान पर अपनी साँस और ध्यान केंद्रीत करें। जिस प्रमाण में आप उसे ऊर्जा शक्ति प्रदान करेंगें, उस प्रमाण में दु:खाव कम होगा।

कभी कभी ऐसा भी होता है कि साधक को किसी श्वसन क्रिया में दक्षता हासिल करने में कठिनाई होती है, यह स्वाभाविक है। ऐसे वक्त जल्दबाजी कर या जोर जबरदस्ती से वह प्रकार करने की आवश्यकता नहीं है। अभ्यास सावधानीपूर्वक और धीरे-धीरे करें। कुछ काल के पश्चात आप उसे सहजतापूर्वक कर पायेंगें। किसी एक साधक को श्वसन क्रिया के दूसरे प्रकार यानि कि 'उत्साहवर्धक श्वसन क्रिया' में दक्षता प्राप्त करना मुश्किल लगा जबकि मुझे 'तारुण्यवर्धक श्वसन क्रिया' कठिन प्रतीत हुई। इस क्रिया को रोज अपेक्षित 7 बार तक करने में मुझे कम से कम एक वर्ष की अवधि लगी। आप यह समझ लें कि पूर्ण रुप से किसी भी श्वसन क्रिया में वर्चस्व हासिल करना यह एक लंबी प्रक्रिया है, इसलिये धैर्य रखें।

## तारुण्यवर्धक श्वसन क्रिया की मुद्रा

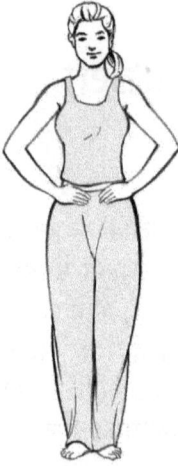   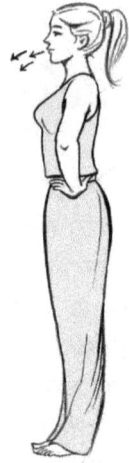

चित्र. 1     चित्र. 2     चित्र. 3     चित्र. 4

चित्र. 5   चित्र. 6     चित्र. 7     चित्र. 8

टिप्पणी: यह श्वसन क्रिया शक्तिशाली है। कृपया दिये गये निर्देशों का पालन सावधानीपूर्वक करें।

## तारुण्यवर्धक श्वसन क्रिया का अभ्यास

दो आवर्तन से आरंभ करें और धीरे-धीरे एक या दो सप्ताह में सात आवर्तन तक पहुँचे।

पहले सीखी हुई श्वसन क्रियाओं की तुलना में यह श्वसन क्रिया अधिक कठिन है और आवश्यक 7 बार तक पहुँचने में कुछ समय लग सकता है।

पहले की श्वसन क्रियाओं की भाँति इसमें भी सीधे सरल खड़े रहें। पीठ की हड्डी सीधी रखें। नितंब कसे हुये और पैरों को जमीन पर दृढ़ रखें।

1. हाथों को कमर के नीचे रखकर उसे कसकर पकड़ें। एक दीर्घ साँस लें। कुहनियों को जितना हो सके उतना आगे की तरफ रखें। इस वक्त आपके कंधे उचकने नहीं चाहिये। उन्हें सरलरुप से नीचे की तरफ रखें ना कि अटके हुये लंगर की भाँति।

2. देखिये कि आपके पैर और नितंब तने हुये हैं। अब किसी भी प्रकार की ढ़ील ना देते हुये गर्दन आगे और पीछे करें। इस वक्त मेरुदंड के निचले भाग से लेकर गर्दन तक एक खिंचाव प्रतीत होगा। अब पूर्व की स्थिति में आ जायें। यह क्रिया तीन बार करनी है। कुछ दिनों के अभ्यास के पश्चात आप इसे लयबद्ध तरीके से साँस अंदर रोक कर सहजता से कर पायेंगें।

3. सीधे सरल खड़े रहकर अंदर ली हुई पूरी वायु मुँह से समानरुप से जोरों से बाहर छोड़ें (दूसरी श्वसन क्रियाओं में करते हैं उसी भाँति करें।) साँस अंदर ना लें। कमर से आगे की ओर झुकें और फिर सहजता से जितना हो सके पीछे की ओर झुकें। फिर से आगे झुकें और पीछे झुकें। ऐसा तीन बार करें। यह एक आवर्तन हुआ। इस प्रकार सात बार करने के पश्चात बिना हिले डुलें सीधे खड़े रहें। साँस लें और शरीर को ढ़ीला छोड़ दें। मन में श्वसन क्रिया के समर्थन वाक्यों को दोहरायें।

# समर्थन वाक्य और मानसिक चित्रण

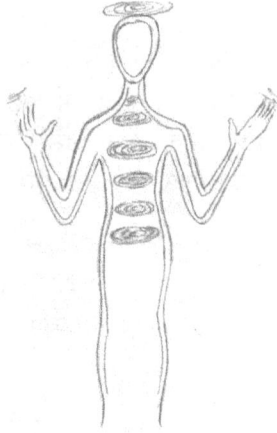

*तारुण्य का सर्वरुपों में होनेवाला प्रकटीकरण*

समर्थन वाक्यों का उच्चारण करते हुये मन में आनंद की भावना लायें।

## स्मरण करने हेतुः

*"इस साँस की सफलता पूर्णतः मेरी तनावमुक्त होने की क्षमता पर निर्भर है। मैं पूरी विश्राँति ले रहा हूँ। मुझे आनंद का बोध हो रहा है।*

*"मैं तरुण हूँ। मैं तरुण हूँ। श्रेष्ठ तारुण्य-अद्‌भुत तारुण्य, तेजस्वी-सचेतन-उत्साही तारुण्य, भयहीन, कर्तव्यनिष्ठ, निर्भीक, विजयी तारुण्य! धैर्य बल व शक्ति से परिपूर्ण।*

*"मैं सोचता था कि मेरा शरीर पुराने जूते की भाँति घिस रहा है। परन्तु अब मैं यह जान गया हूँ – इसके सानिध्य में, मैं यह समझ गया हूँ कि मेरे लिये नई कोशिकायें तैयार हो रही हैं। मेरी पुर्नरचना, मेरा नवीनीकरण हो रहा है।*

*"विजय का यह गीत मैं गुनगुना रहा हूँ – मैं उम्र के अधीन नहीं हूँ – मैं बीमारी के अधीन नहीं हूँ। मेरे लिये बुढ़ापा नहीं है।*

*सठियापन नहीं है, मृत्यु नहीं है, मैं मुक्त हूँ – समय के थपेड़ों से मैं मुक्त हूँ – मुक्त हूँ – मेरे मन की नकारात्मक कल्पनाओं से मैं मुक्त हूँ – मुक्त-तरुण-तरुण - मैं प्रसन्न हूँ। मेरी प्रसन्नता का ठिकाना नहीं है। इस क्षण से मैं हमेशा के लिये तरुण हूँ" और अब अत्यंत आदरपूर्वक मैं आभार मानता हूँ, एक छोटी सी साँस लेता हूँ और एक लंबी, दीर्घ व्यापक निःश्वास। अब मैं एक और छोटी सी साँस लेता हूँ और एक द्रुत निःश्वास।"*

## तारुण्यवर्धक श्वसन क्रिया और समर्थन वाक्य का प्रभाव

तारुण्यवर्धक श्वसन क्रिया में मूलाधार चक्र से क्रमानुसार स्वाधिष्ठान, मणिपुर, अनाहत और विशुद्धि चक्रों में रोगप्रतिबंधक ऊर्जा ऊपर की दिशा में खींची जाती है और उसके कारण उन चक्रों से संबंधित सभी इंद्रियों को वह ऊर्जा शुद्ध करती है। इस क्रिया द्वारा हमारे शरीर एवं मन में परिवर्तन होता है। पुराने अणुओं की पुर्नस्थापना और नवीनीकरण होता है। कोशाणुओं की पुरानी स्थिति में फेर बदल होता है। इससे हमें एक नई पहचान और नवीन व्यक्तित्व की प्राप्ति होती है।

*सामंजस्य में कार्य करते आज्ञा एवं स्वाधिष्ठान चक्र*

चक्रों की गतिविधियों का बोध हमें हो, यह आवश्यक नहीं है क्योंकि अबतक अवरोध दूर कर कुंडलिनी के स्वतंत्र आवागमन के लिये मार्ग प्रशस्त करने का कार्य आप श्वसन क्रियाओं के अभ्यास द्वारा कर चुके हैं। अब आवश्यकता पड़ने पर उनके अस्तित्व की पहचान होगी अर्थात अगर कोई अवरोधपूर्ण परिस्थिति उत्पन्न होती है या आगे जाकर कोई बाधा आती है तो उस वक्त इन चक्रों की गतिविधि का बोध होगा। जब व्यक्तित्व के पुराने रुप में बदलाव आता है तब यह दो चक्र – आज्ञा एवं स्वाधिष्ठान – उस साधक को उसके आध्यात्मिक एवं व्यवहारिक जीवन में संतुलन कायम करने में सहायता करते हैं या उनके स्पंदन का अनुभव उन्हें होने लगता है।

स्वाधिष्ठान चक्र में कामुक प्रवृति की इच्छायें और लैंगिक वासनायें समस्या उत्पन्न कर सकती हैं। अकेले रहने के बदले वह व्यक्ति नये संबंध

प्रस्थापित करता है। माता-पिता, पुत्र-पुत्री, भ्राता-सखा इन सभी रिश्तों को अनुभूति करना चाहता है। मस्तिष्क में इस चक्र का प्रतिनिधित्व सुषुप्त मन करता है। हमारे सारे कर्म इस चक्र में संचित किये जाते है। अशाँति और सुप्त चेतना ये दोनों इस चक्र के गुणधर्म हैं पर यह शुद्ध होने पर दिव्य ऊँचाईयों पर पहुँचता है और काम, क्रोध, ईर्ष्या, तृष्णा, सुख, दुःख, आनंद इत्यादि सभी भावनाओं से मुक्ति मिलती है।

'तारुण्यवर्धक श्वसन क्रिया' द्वारा सिर को आगे पीछे करने की क्रिया द्वारा हम चेतनापूर्वक अधोगामी बहनेवाली शक्ति को नीचे लाते हैं और आज्ञा चक्र व 'विशुद्धि चक्र' को जागृत करते हैं। इसके पश्चात आगे और पीछे मुड़ने की क्रिया द्वारा ऊपर की दिशा में (उर्ध्वगामी) प्रवाहित होने वाली शक्ति को हम ऊपर बढ़ने के लिये प्रोत्साहित करते हैं। इन दोनों शक्तियों का संगम मध्यबिन्दु पर – मणिपुर चक्र के स्थान पर – हो सके, इस उद्‌देश्य से ऊपरी दोनों क्रियायें की जाती हैं। इसके कारण सर्जन शक्ति, आत्मविश्वास, संवेदनशीलता, सांसारिक समझ, सामाजिक उत्तर दायित्व और आस पास की परिस्थितियों के बारे में सही समझ प्राप्त होकर मानसिक, भावनात्मक और शारीरिक वृत्तियों में संतुलन स्थापित होता है।

## संतुलन

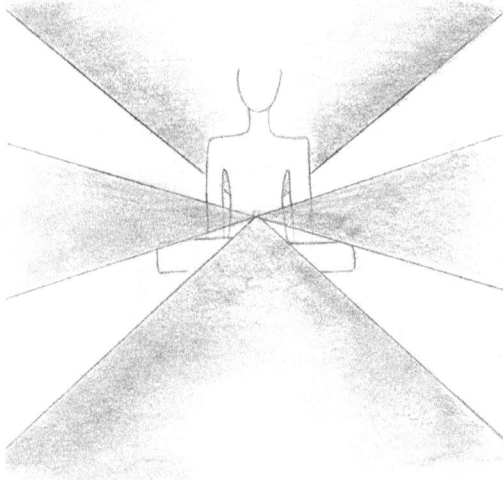

*मणिपुर चक्र से सभी दिशाओं में विस्तृत होता 'ईथर' शरीर*

इस पूरी प्रक्रिया में थायरॉईड ग्रंथि, यकृत, पाचकग्रंथि और पेट की अन्य मांसपेशियाँ भाग लेती है।

स्वामी निरंजनानंद सरस्वती के अनुसार –

*''नाभिक्षेत्र में एक महत्वपूर्ण केंद्र है जिस स्थान पर 'प्राण और अपान' इन दो शक्तिशाली प्राणों का एक दूसरे से संगम होता है। 'प्राण' यह नाभि और गले के बीच ऊपर नीचे बहता है। और 'अपान' यह उत्सर्गांतराल (मूलाधार) और नाभि के बीच ऊपर नीचे बहता है। जिस तरह रेल की दो बोगियाँ एक दूसरे से जुड़ती हैं उसी प्रकार यह दोनों क्रियायें एक दूसरे के साथ संयोजित होती हैं। इस कारण 'प्राण' साँस के साथ – नाभी से गले की ओर प्रवाहित होता हुआ प्रतीत होता है और साथ ही 'अपान' मूलाधार से ऊपर नाभि तक आता हुआ प्रतीत होता है। इसके पश्चात प्रश्वास के साथ 'प्राण' गले से नाभि तक नीचे की दिशा में बहता है और 'अपान' मणिपुर से मूलाधार की दिशा में नीचे बहता है। इस तरह 'प्राण' और 'अपान' निरंतर एकसाथ कार्यरत रहते हैं और साँस और प्रःश्वास के प्रवाह के साथ अपनी दिशा बदलते हैं।''*

पहले के जमाने में अगर कोई साधक आध्यात्मिक पथ पर अग्रसर होना चाहता था तो उसे शारीरिक, मानसिक एवं भावनात्मक इन तीनों वृत्तियों में संतुलन स्थापित करने के लिये लगभग 7 या उससे अधिक वर्ष साधना करनी आवश्यक थी। उसके पश्चात ही वह ध्यान-धारणा का अभ्यास कर सकता था। इनमें से प्रत्येक वृत्ति के लिये एक विशिष्ट साधना करनी पड़ती थी। यह साधना इस प्रकार थी। भक्तियोग – समर्पण का मार्ग जिसके कारण आपकी भावनात्मक वृत्तियों में संतुलन आता है। ज्ञानयोग – ज्ञान का मार्ग मानसिक संतुलन प्राप्त करने के लिये। कर्म योग – सेवा का मार्ग, शारीरिक स्तर पर संतुलन प्राप्त करने के लिये। इन तीनों वृत्तियों को संतुलित करने में 7 वर्षो की अवधि लगती है ऐसा निर्धारित किया गया था। इसके पश्चात सूक्ष्म वृत्ति पर ध्यान केंद्रीत करने के लिये ध्यान-धारणा की शुरुआत की जाती थी। इस अवधि के दौरान, एक वास्तविक परिवर्तन होता है और अगर आप लक्ष्य देंगें तो सूक्ष्म स्तर पर होनेवाले इस परिवर्तन को आप जान भी सकते हैं और देख भी सकते हैं।

अगले पन्ने पर दिये हुये चित्र में आप देख सकते है कि बाँयी तरफ का मस्तिष्क का भाग, खुले मुँह के फूल की भाँति दिखनेवाले घंटे के आकार के, दाँयी तरफ के मस्तिष्क के भाग में प्रवेश करता है। यह क्रिया आज्ञा चक्र के कारण होती है।

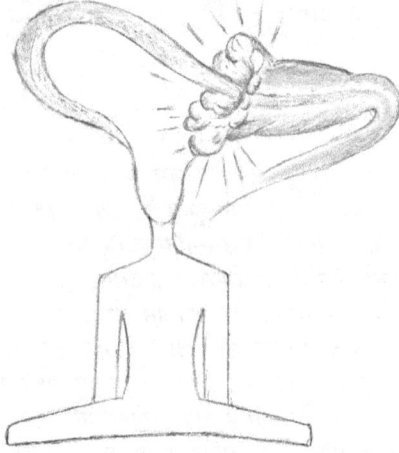

*बाँयी तरफ का मस्तिष्क दाँई तरफ के मस्तिष्क में विलीन हो जाता है*
*परिणामस्वरुप दोनों तरफ के मस्तिष्क में संतुलन होता है।*

जब आप संतुलन की इस अवस्था को प्राप्त कर लेते हैं तो स्वयं के लिये रचे गये सभी अनुभवों के आप स्वयं साक्षी (दृष्टा) बन जाते हैं। आप असंतुलन को संतुलन में परिवर्तित कर सकते हैं। आपके पास विकल्प हैं। जैसे जैसे संतुलन होता है नकारात्मक सकारात्मक में विलीन होते जाता है। विरोधाभास खत्म हो जाते हैं। व्यक्ति इस निष्कर्ष पर पहुँचता है कि कुछ भी अच्छा या बुरा नहीं हैं; कुछ भी सही या गलत नहीं है। जो 'है' वह 'है'।

*मस्तिष्क के दाँयी बाँयी तरफ के भाग एक दूसरे में मिल जाने से दोनों ध्रुव यानि*
*की दायाँ और बायाँ गोलार्ध एक दूसरे के साथ कार्य करते हैं।*

# 8. आपकी अपनी आध्यात्मिक श्वसन क्रिया

अभ्यास करते करते आपकी साधना में आपने काफ़ी प्रगति की है। अब आप यह जान गये हैं कि आप चेतनापूर्वक या फिर अचेतरुप में साँस ले सकते हैं। स्वामी निरंजनानंद सरस्वती हमें बताते हैं कि ''अनजाने मे ली गई साँस मस्तिष्क के आदिम भाग द्वारा होती है और इस कारण ऐसी भावना, विचार और चेतना तैयार नहीं हो पाती है जिनकी तरफ ध्यान दिया जा सके। इस तरह से साँस की लयबद्धता में विघ्न पड़कर साँस असमन्वित रुप से प्रवाहित होने लगती है जिससे शरीर और मन में काफ़ी अराजकता फैलती है।''

अगर आप आठ श्वसन क्रियाओं के द्वारा प्राण के प्रवाह के प्रति संवेदनशील हो गये हैं तो आप सूक्ष्म स्तर के अस्तित्व को पहचान सकेंगें। श्वसन क्रिया और उससे सबंधित समर्थन वाक्यों में निपुणता हासिल कर लेने पर जो संवेदनायें और भावनायें उत्पन्न होती हैं वे आपकी प्रगति की ओर संकेत करती हैं। आप अपने अभ्यास को कितनी सर्तकता और एकाग्रता से करते हैं इस पर यह अवलंबित है। हमेशा किसी भी उत्पन्न होती संवेदना के प्रति सचेत रहिये और शाँतिपूर्वक उस संवेदना को पूरी तरह से अनुभव करें। अपने अभ्यास में जब आप पूरी तरह से निपुण हो जायें तो श्वाच्छोश्वास कौन से चक्र द्वारा कर रहे हैं इसका निरीक्षण करना सीखें।

अब तक इसकी तरफ अगर आपने ध्यान नहीं दिया है तो मेरी यह सलाह है कि आप सतर्कतापूर्वक अपनी श्वसन क्रियाओं की तरफ ध्यान दें। इससे आपकी प्रगति द्रुत गति से होगी।

अगर हमारी सांस अचेतन रुप से चल रही हैं तो हम जड़ बुद्धि के अधीन हो जाते हैं और हमारा मन उद्देश्यहीन विचारों में उलझ जाता है।

## आपकी आध्यात्मिक श्वसन क्रिया की मुद्रा

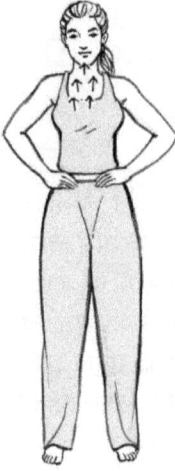
चित्र. 1

चित्र. 2

चित्र. 3

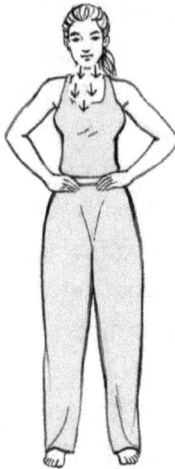
चित्र. 4

चित्र. 5

टिप्पणी: यह श्वसन क्रिया शक्तिशाली है। कृपया दिये गये निर्देशों का पालन सावधानीपूर्वक करें।

## आपकी अपनी आध्यात्मिक श्वसन क्रिया का अभ्यास

दो साँसों से आरंभ करें। फिर धीरे-धीरे एक या दो सप्ताह में यह संख्या सात तक बढ़ायें।

सीधे सरल खड़े रहें और यह ध्यान दें कि आपका मेरुदंड बिल्कुल सीधा है।

दोनों पैरों के तलवों को जमीन पर दबाकर एक दूसरे से कुछ अंतर पर रखें। (केवल इसी श्वसन क्रिया में पैरों को एक दूसरे से कुछ दूरी पर रखा जाता है।)

1. नाक से पूरी तरह से साँस अंदर लेकर रोक कर रखें।

2. पहली श्वसन क्रिया की भाँति दोनों हाथों को कमर पर रखें। अब सीधे खड़े रहकर आपकी दाँई तरफ जितना हो सके उतना झुकें। फिर किसी भी प्रकार का झटका दिये बिना बाँई तरफ झुकें। यह क्रिया तीन बार करें। (दाँई और बाँई दोनों तरफ तीन-तीन बार अर्थात कुल छ: बार झुकें।)

3. उपरोक्त क्रिया सावधानीपूर्वक एवं लयबद्ध तरीके से करना आवश्यक है। तीनबार ऐसा कर लेने के पश्चात कमर पर हाथों की पकड़ कायम रखते हुये शू ऽ ऽ ऽ ऐसी जोर की आवाज करते हुये प्रश्वास करें। अब यह एक आवर्तन पूर्ण हुआ।

4. इस तरह से सात आवर्तन करें। फिर साँस को अंदर लेकर छोड़ें, विश्राँति लेकर अगले पन्ने पर दिये हुये इस श्वसन क्रिया के समर्थन वाक्यों को मन में दोहरायें।

## समर्थन वाक्य और मानसिक चित्रण

*गुरु से आते स्पंदन सभी साधकों को आच्छादित कर लेते हैं।*

### स्मरण करने हेतुः

*"अब मैं अपने मस्तक के ऊपरी भाग का चिंतन कर रहा हूँ। मैं आनंद, आनंद इसी का विचार कर रहा हूँ और अब मैं इस आनंद को बाहर भेज रहा हूँ। एकदम बाहर!*

*"मैं अपने आलिंगन द्वारा सभी ब्रम्हविद्या का अनुसरण करने वालों को अपने में समा लेता हूँ। मैं पूरे शहर, पूरे राज्य को अपने में समा लेता हूँ। और अब मैं उस दिव्य प्रकाश की लहरों का अनुभव कर रहा हूँ। वे लहरें अपने आप बढ़ रही हैं, उनमें वृद्धि हो रही हैं। मैं संपूर्ण देश को अपने में समा लेता हूँ।*

*"मैं पूरे संसार को (ऐसी कल्पना कीजिए कि आप एक विशाल पृथ्वी के गोले का अलिंगन कर रहे है) व्याप्त कर लेता हूँ। मैं संपूर्ण मानवजाति को व्याप्त कर लेता हूँ। और अब मेरे अंदर स्थित दिव्य ज्ञान की रोशनी के साथ, मेरे प्रेम के साथ, मेरे आनंद के साथ, मेरे जीवन के साथ... मैं चराचर में बसे प्रत्येक सजीव को अपने अंदर समा लेता हूँ।*

*"अब मैं अटल खड़ा हूँ। मेरे पास लौटकर आनेवाली रोशनी, जिस एक बिंदु से मैंने उसे भेजा था, केवल उस केंद्र से नहीं परन्तु सभी केंद्रों से वह वापस आ रही है। वह वापस आ रही है... पास... और भी पास... और अब उस रोशनी ने मुझे हर तरफ से घेर लिया है। दिव्य ज्ञान की वह रोशनी, वह प्रेम, वह शक्ति, प्रत्येक सजीव के पास से मेरी तरफ आनेवाली वह जीवन शक्ति जिससे मैं अपने पूरे शरीर को, अखिल ब्रम्हांड को रोशनी से... रोशनी से भरा हुआ देख रहा हूँ। रोशनी! रोशनी! रोशनी!*

*"और अब मेरे स्थूल शरीर का प्रत्येक कोशाणु उस दिव्य ज्ञान की रोशनी से, उस प्रेम से, उस आनंद से, प्रत्येक सजीव के पास से आनेवाले उस जीवन से भर गया है। मैं आभारी हूँ और आनंदित होकर, एक लघु साँस लेता हूँ और एक दीर्घ, लंबी, व्यापक नि:श्वास।"*

*"अब उस रोशनी को मैं अपने शरीर में बंद कर लेता हूँ। फिर एक और लघु साँस... और एक द्रुत नि:श्वास।"*

*सूर्य की आराधना द्वारा सौर ऊर्जा प्राप्ति*

इस श्वसन क्रिया द्वारा स्वाधिष्ठान चक्र और मूलाधार चक्र की क्रियाशीलता में बढ़ोतरी होती है।

स्वामी सत्यानन्द सरस्वती के अनुसार –

*"स्वाधिष्ठान यह मानसिक स्मृतियों का भंडार है। 'ऐसा कहते हैं कि हमारे सभी कर्म, भूतकाल के अनुभव, पूर्वजन्म की स्मृतियाँ एवं मानव व्यक्तित्व के अवचेतन पहलूओं को स्वाधिष्ठान चक्र में दर्शाया जाता है। यह चक्र मानसिक धारणाओं और जन्मजन्मांतरों के कर्मो का भंडार है। सुप्त चेतना यहाँ निवास करती है।"*

स्वामी निरंजनानंद सरस्वती के अनुसार –

*मूलाधार चक्र यह कुंडलिनी शक्ति का स्थान है। वह यहाँ सुषुप्त अवस्था में कुंडली मारे हुये सर्प की भाँति विद्यमान है। "मूलाधार चक्र में हमारे क्रमागत उन्नति के निम्नकोटि के कर्म – क्रोध, द्वेष, लोभ, वासना, प्रेम, तिरस्कार इत्यादि के रुप में प्रकट होते हैं।"*

सत्रहवाँ अध्याय

# श्वसन क्रियाओं द्वारा प्राप्त ज्ञान

## श्वसन क्रियाओं द्वारा प्राप्त हुआ ज्ञान

आपने अब अपने अभ्यास में काफ़ी प्रगति कर ली है। अब आप एक ऐसे मुकाम पर पहुँच गये हैं जहाँ आपको स्वयं विभिन्न प्रकार के अनुभव के होने लगे होंगें। हमारी पुरानी सोच को काफ़ी हद तक समर्थन वाक्यों द्वारा प्राप्त ज्ञान ने बदल दिया होगा। जैसा कि पहले बताया गया है, अंतिम तीन श्वसन क्रियाओं की रचना इस प्रकार की गई है कि नीचे के तीन चक्रों में संचित तथ्यों का खुलासा हो सके।

एक बार जब आप अगले अध्याय में दिये हुये ध्यान संबंधी समर्थन वाक्यों के साथ साथ सभी श्वसन क्रियाओं और उनके समर्थन वाक्यों में निपुणता हासिल कर लेंगें तब आप मानसिक, भावनात्मक और शारीरिक स्तर पर होने वाले परिवर्तन की ओर अग्रसर होंगे। आप अपने आनुवांशिक मन से दूर होंगें, भेड़चाल में शामिल नहीं होंगें। पीढ़ी दर पीढ़ी चली आ रही परंपरागत प्रथाओं को पहले स्वयं की स्वतंत्र विचारधारा के तराजू में तौलेंगें और उसके खरे उतरने पर ही उसे स्वीकार करेंगें। उसकी विवेचनात्मक परीक्षा कर, उस पर गहन चिंतन करने के पश्चात ही आने वाली पीढ़ी को उसे सौपेंगे। इस प्रकार मानव जाति की सर्वोत्कृष्ट प्रगति में आप योगदान करेंगे।

श्वसन क्रिया, उसके समर्थन वाक्य और ध्यान धारणा यह आपके जीवन के और दैनिक अभ्यास के हिस्से बन चुके हैं। इन्हें पूरी श्रद्धा और लगन के साथ कर आप धीरे-धीरे अपने कदम अंर्तमन की दिव्य ज्योति की ओर बढ़ाते हैं। आपके ध्यान के अभ्यास के दौरान आप उस 'दिव्य ज्योति' को देख सकेंगें और आपको ऐसे प्रतीत होगा जैसे आपका पूरा शरीर 'ज्योर्तिमय' हो गया है। दृढ़ श्रद्धा और नियमित रुप से किये गये अभ्यास का आपको उत्तम फल मिलेगा।

## मन

मन के कार्य करने की दो पद्धतियाँ हैं और उनके अनुसार उसके दो विभाग किये गये हैं। सामान्य रुप से उन्हें मस्तिष्क का दाँया भाग और बाँया भाग के नाम से संबोधित किया जाता है। बाँया भाग यह व्यावहारिक मन या जागृत मन है जिसे आप अपने दैनिक व्यवहार में लाते हैं। यह जागृत मन सुप्त मन का रक्षक बनकर कार्य करता है। जागृत मन की सम्मति से ही विशिष्ट जानकारी सुप्त मन तक पहुँचती है।

मन की चार स्थितियाँ हैं।

1. **रोज के विचार (साधारण सोच):** जब मन विचलित होकर एक विचार से दूसरे विचार की ओर भागता रहता है।

2. **चिंतन:** जब हम अपने विचारों को एक निश्चित दिशा देते हैं और कार्यपथ निर्धारित करते हैं। हमारे विचार खंडित नहीं रहते और उस वक्त हमारी मन:स्थिति व्यावहारिक और तर्कसंगत विचारों के कारण शांत होती है।

3. **एकाग्रता:** जब हमारा मन यहाँ वहाँ भटकने के बदले एक वस्तु पर केंद्रित रहता है तो मन की वह स्थिति एकाग्रता कहलाती है।

4. **ध्यान:** मन की इस स्थिति में आप अपने विचारों के साक्षी होते हैं। ध्यान अर्थात निर्विचार स्थिति – हम केवल 'मूक निरीक्षक' होते हैं।

दाँयी तरफ के मस्तिष्क का भाग अर्थात अचेतन मन। इसे सुप्त मन भी कहते हैं। शरीर में अपने आप निरंतर चलनेवाली क्रिया अचेतन मन के कारण सतत् होती रहती है। उदाहरण के तौर पर आपके हृदय की धड़कन, खून का परिसंचरण, यकृत एवं मूत्रपिंड के कार्य अर्थात शरीर की ऐसी सभी अति महत्वपूर्ण इंद्रियाँ और पेशियाँ जिनसे हम अनभिज्ञ हैं, इन सभी के कार्य अचेतन मन के द्वारा क्रियान्वित रहते हैं। अचेतन मन चेतन मन की अपेक्षा अधिक शक्तिशाली और प्रामाणिक होता है। किंतु इसके पास पूछने की क्षमता नहीं होती है। एक बार कोई भी जानकारी अचेतन मन में प्रवेश करती है तो वह

सदा के लिये वहाँ संचित हो जाती है। इसका एक सरल उदाहरण सीढ़ीयों पर भागकर नीचे उतरना है। पहली कुछ सीढ़ीयाँ उतरने के पश्चात आगे की सीढ़ीयाँ उतरने की क्रिया अपने आप अचेतन मन द्वारा होती है। एक बार तैराकी या साइकिल चलाना सिखने के बाद वह क्रिया अचेतन मन में दर्ज हो जाती है। इसलिये अचेतन मन में क्या भेजा जा रहा है इसके प्रति प्रत्येक क्षण चेतन मन को सर्तक एवं सचेत रहना चाहिये। ब्रम्हविद्या के समर्थन वाक्यों द्वारा हम चेतना पूर्वक सकारात्मक विचारों को पुराने विचारों की जगह पर भेजते हैं और अपने जीवन के विधाता बन सही चेतना तक पहुँचने की दिशा में अग्रसर होते हैं।

## विचार

आपकी सोच को बदलकर आप में धीरे धीरे निश्चित रुप से वैचारिक परिवर्तन लाना, यह मुख्य कार्य श्वसन क्रिया और उसके समर्थन वाक्यों द्वारा किया जाता है। हालाँकि हम विचारों को देख नहीं सकते हैं, स्पर्श नहीं कर सकते हैं या उन्हें चख नहीं सकते हैं फिर भी उत्कट विचारों की हम एक शक्ति तैयार करते हैं। उस विचार के फलीभूत होने के लिये आवश्यक तत्व को आकर्षित करते हैं। हमारे विचारों के आधार पर हमारी रचना हुई है। हमारे जीवन में जो भी कुछ घटता है उसका कारण भी विचार ही है। दूसरे शब्दों में कहा जाये तो हम अपने जीवन में जो कुछ भी कहते हैं, करते हैं, महसूस करते हैं या अभिव्यक्त करते हैं वह सभी कुछ हमारे विचारों के अनुरुप होता है।

## भावना

हमारी भावनायें विचारों के माध्यम से प्रकट होती है और शारीरिक स्तर पर महसूस की जाती हैं। भावनाओं का विचार से गहरा संबध है। असल में देखा जाये तो विचारों के कारण ही भावनायें निर्मित होती है और हमारे जाने या बिना जाने शरीर पर उनका अच्छा या बुरा परिणाम होता है।

उदाहरणार्थ हम सभी यह जानते हैं कि जब हम आवेश में आते हैं तो हमारे ह्रदय की धड़कन बढ़ जाती है। जब हम लज्जित होते हैं अथवा क्रोधित या भयभीत होते हैं तो तनाव से ग्रस्त हो जाते हैं। हमारी भावनायें प्रत्येक क्षण हमारे शरीर पर असर करती है फिर भी हम उनकी तरफ ध्यान नहीं देते हैं। जो भावनायें बार बार आती है अथवा जिनका हम निरंतर विचार करते हैं वे

भावनायें मन के कोने में जाकर बैठ जाती हैं और हमारे स्वभाव या मन का एक हिस्सा बन जाती हैं। ये भावनायें मन में इतनी गहराई तक पैठ जाती है कि हम इनके अस्तित्व को भूल जाते हैं। इस बात पर भी हमारा ध्यान नहीं जाता है कि ये हमारे जीवन पर असर कर रही है।

जिस तरह चुंबक के ऋणात्मक एवं धनात्मक ऐसे दो ध्रुव होते हैं, वैसे ही भावनायें भी दो दिशाओं में आती जाती रहती है। आकर्षण या प्रेम धनात्मक है और दुत्कारना या घृणा नकारात्मक है।

प्रेम की कुछ सकारात्मक विशेषतायें हैं – बुद्धिमत्ता, ज्ञान, परोपकार, मासूमियत, निडरता, आनंद, सुख, तारुण्य, श्रद्धा, आरोग्य, बल इत्यादि।

घृणा की कुछ नकारात्मक विशेषतायें हैं – अज्ञान, दुराचार, अपराध, डर, दुःख, कायरता, शोक, चिंता, उदासी, प्रतिशोध की भावना, स्वार्थ, शंका इत्यादि।

हमारी अनेक भावनाओं में से ये तो कुछ भावनायें हुई। इन्हें और भी कई वर्गों में विभाजित और उपविभाजित किया जा सकता है। उदाहरणार्थ डर यह चिंता, संदेह, उदासी इत्यादि में परिवर्तित होता है। सभी नकारात्मक भावनायें हानिकारक हैं और सभी स्तरों पर मानव शरीर को नुकसान पहुँचाती है। ध्यान के दौरान, आप प्रेम के सकारात्मक गुणों पर जोर देते हैं। इससे यह धनात्मक तत्व प्रयत्नपूर्वक किये गये सतत् ध्यान द्वारा जागृत मन में प्रस्थापित हो जाता है। एक बार इस मुकाम तक पहुँच जाने पर आप इंद्रियों के भ्रमजाल में नहीं फँसेंगें और 'आप कौन हैं, आप क्या हैं' इस सत्य को समझ सकेंगे।

## तिल्ली

*'आपकी अपनी आध्यात्मिक श्वसन क्रिया' के द्वारा तिल्ली की कार्यशीलता बढ़ जाती है। इसका शुद्धिकरण होता है और वह सूर्य द्वारा पर्यावरण में सतत् ढ़ोले जाने वाले जीवन तत्व को आकर्षित कर उसका रुपांतर प्राण में करती है।*

*गुलाबी रंग के बारीक कणों के रुप में सौर ऊर्जा ग्रहण करती हुई तिल्ली*

सी. डब्ल्यू. लीडबीटर के अनुसार –

*''सात नैसर्गिक अणुओं से बने हुये, चमकदार अतिशय बारीक बारीक शक्तिशाली कण प्राण से भरे हुये होते हैं। चमकनेवाले यह कण जब वातावरण में परिष्कृत होते हैं तब वे रंगहीन होते हैं और शुभ्र श्वेत या हल्के सुनहरी रंग में चमकते हैं। किंतु जैसे ही यह कण चक्र के भँवर में खींचे जाते हैं तो इनका विघटन होकर यह विभिन्न प्रकार के रंगों में चमकने लगते हैं। इन कणों के घटक अणु भँवर में गोल गोल चक्कर लगाने लगते हैं। चक्रों का प्रत्येक आरा एक एक अणु को पकड़ लेता है और इस तरह से पीले रंग के अणु एक आरे को, हरे रंग के दूसरे आरे को और बाकी के रंग के अणु भी एक एक आरे को चिपक कर फिरने लगते हैं। गुलाबी रंग की किरणें नाड़ियों के साथ साथ पूरे शरीर में फिरती हैं और यही नाड़ीतंत्र को जीवन देती है। अगर यह गुलाबी रंग की रोशनी नाड़ियों को पर्याप्त मात्रा में ना मिले तो व्यक्ति संवेदनशील, भावुक और चिड़चिड़ा हो जाता है। बलिष्ठ मनुष्य साधारण तया जरुरत से इतनी अधिक मात्रा में इस ऊर्जा को ग्रहण करता है कि यह शक्ति गुलाबी रंग के अणुओं की बौछार के रुप में बाहर निकलती रहती है। शरीर के द्वारा आत्मसात की हुई यह शक्ति जीवन और आरोग्य की देदिप्यमान गुलाबी आभा के रुप में उसके शरीर में से प्रकट होती रहती है।''*

इन आठ श्वसन क्रियाओं के कारण आपको शरीर हल्का फुल्का और संवदेनशील प्रतीत होगा। नियमित साधना से शरीर विस्तारण की अनुभूति भी होगी।

अठारवाँ अध्याय

# सशक्त शरीर में निरोगी मन

## अवचेतन मन का प्रशिक्षण

आप जैसे जैसे आगे बढ़ेंगें, आप जानेगें कि अवचेतन मन को जो भी सूचना दी जाती है उसे वह बिना शंका किये या प्रश्न पूछे स्वीकार कर लेता है और तुरंत आपकी सूचना के आधार पर कार्य करना आरंभ कर देता है। आप कैसा भी और कोई भी निर्देश उसे दें, वह नि:संशय उसे पूरा करता है क्योंकि अचेतन मन किसी भी प्रकार का सवाल नहीं पूछता अथवा शंका नहीं करता है, केवल आपके द्वारा कहे गये या दिये गये निर्देशों का पालन करता है।

जीवन का उद्‌गम क्या है, उसका रहस्य क्या है, यह समझने में श्वसन क्रियायें और समर्थन वाक्य आपकी सहायता करते हैं। इस पहेली को सुलझाने के लिये अथवा उसके रहस्य को जानने के लिये केवल मन का सशक्त होना काफ़ी नहीं है अपितु उसके साथ साथ शारीरिक रुप से सक्षम होना भी आवश्यक है। सही साधन-सामग्री उपलब्ध होने पर मन की शक्ति कोई भी कार्य कर सकती है। उपवास करते हुये मनुष्य को केवल विचारों की शक्ति के द्वारा बलिष्ठ नहीं बना सकते। उसी तरह अगर कोई व्यक्ति अपने शरीर का आवश्यकतानुसार भरण-पोषण नहीं करता है तो केवल विचारों के बल पर वह आरोग्यपूर्ण जीवन व्यतीत नहीं कर सकता है।

मस्तिष्क को सक्षम बनाने के लिये हमें सर्जनशील बुद्धि को सभी आवश्यक पदार्थ देने चाहिये। ये पदार्थ इन पाँच जीवनावश्यक तत्वों से बने हैं – ठोस आहार, तरल आहार, विश्राम, साँस और विचार। इन सभी तत्वों का सही मात्रा में होना आवश्यक है और ये पाँच तत्व ही मिलकर एक सशक्त एवं सक्षम व्यक्ति का निर्माण करते हैं। विचार करामात दिखा सकते हैं किंतु बाकी के चार अत्यावश्यक तत्वों की सहायता के बिना नहीं। हमारे जीवन में कमी है तो वह है पर्याप्त मात्रा में साँस की। अगर मस्तिष्क का आहार जैसी कोई चीज है तो वह साँस है।

## निश्चित उद्‌देश्य के बिना किया गया ध्यान

विशिष्ट उद्‌देश्य के बिना किया गया ध्यान निरर्थक होता है। मन की आलसी, स्वप्निल या भटकती हुई अवस्था में लगाया हुआ ध्यान फायदे के बदले नुकसान कर सकता है। समर्थन वाक्यों के शब्दों के अर्थ की तरफ ध्यान न देकर उनका उच्चारण करने से अवचेतन मन को गलत एवं अस्पष्ट संदेश प्राप्त होते हैं। कभी कभार ऐसी परिस्थितियाँ उत्पन्न होती हैं कि जिनका कारण एवं उद्‌देश्य हमें समझ नहीं आते हैं। यह हमारे अवचेतन मन को भेजे गये अस्पष्ट निर्देशों का परिणाम है।

हमारे विचारों में निश्चित उद्‌देश्य, तीव्र भावना और शब्दों की शक्ति लाने की प्रणाली केवल अभ्यास द्वारा सीखी जा सकती है। अभी तक ज्ञात पद्धतियों में से सबसे अधिक परिणामकारक एक पद्धति आपको श्वसन क्रिया और उसके समर्थन वाक्यो के रुप में सिखाई जा रही है। इसके लिये सर्वप्रथम सत्य को खोजने की प्रबल इच्छा और साथ-साथ यथेष्ट मात्रा में अभ्यास, किसी भी विचार पर काफ़ी समय तक धारणा करना, नि:शब्द शाँति का अनुभव प्राप्त करने हेतु दूसरे विचारों और भावनाओं को काबू में रखना आवश्यक है।

आपके अंदर स्थित और आपके लिये कार्य करती शक्ति को खोज करने का अभ्यास अगर आप नियमित रुप से पूरे समर्पण की भावना से करेगें तो नि:संशय रुप से आपको वह शक्ति प्राप्त होगी। इसके लिये आपको शांत एवं आनंदमग्न रहते हुये अथक प्रयास करना होगा। शाँतिपूर्ण तरीके से बात करने की आदत डालें। ऐसी शाँति जिस पर आपका दृढ़ विश्वास हो, जो आपके वश में हो। केवल ऐसे शब्दों का उच्चारण करें जो आपके विचारों को पूर्ण रुप से एवं स्पष्ट तरीके से व्यक्त करें।

उदाहरणार्थ मेरे ध्यान की प्रक्रिया के दौरान, मुझे ऐसा प्रतीत हुआ कि मैं शक्तिहीन हो रही हूँ। बहुत ही डरावना था यह खयाल। मैंने अपने गुरु को फोन कर उनसे कहा कि मेरा दिमाग 'मर गया है।' उन्होंने इस बात पर जोर डाला कि मैं जो कहना चाह रही हूँ उसके लिए सही शब्द का इस्तेमाल करुँ, क्योंकि अगर मेरा दिमाग मर गया है तो मैं बोल कैसे सकती हूँ? काफ़ी सोचने समझने के बाद मुझे सही शब्द समझ में आया और मैंने वह वाक्य इस तरह दोहराया ''मेरा दिमाग सुन्न हो गया है।''

इस घटना से मुझे ज्ञात हुआ कि हम अपना जीवन कितनी बेपरवाही से जीते हैं और बिना जाने अवचेतन मन को गलत सूचनायें भेजते रहते हैं और फिर अवांछित परिणाम भुगतते हैं।

अब आप एक नवीन जीवन की शुरुआत कर रहे हैं। इसलिये आप अपना मन एक अबोध बालक की भाँति रखिये। ऐसा करने पर आपको सत्य ज्ञान की प्राप्ति सहजता से होगी। सत्य बहुत ही सरल है। हमारे नियमित रुप से शंका करने के स्वभाव एवं प्रश्न पूछने की आदत के कारण वह हमारी मुट्ठी से फिसल जाता है। मेरी यह सलाह है कि आपने आज तक जो कुछ भी पढ़ा लिखा है और जो आपकी कसौटी पर खरा नहीं उतरा है उसे आप त्याग दें। अपने विचारों में द्वंद्व न होने दें। आपको जो कुछ भी सिखाया जा रहा है, जो कुछ भी कहा जा रहा है उसका अनुसरण करें। धीरे-धीरे सब कुछ नजर आने लगेगा।

## सर्जनशील तत्व

अखिल ब्रम्हांड और उसमें समाविष्ट सजीव और निर्जीव प्राणी मात्र सर्जनात्मक चेतना के अचल नियमों के अनुसार चलते हैं। आपका शरीर आपके अंदर निहित सर्जनात्मक शक्ति से लयबद्ध तरीके से स्पंदन प्राप्त करता है। और जब तक हम अपने मन की इच्छाओं के द्वारा उसके मार्ग में अवरोध पैदा नहीं करते हैं तब तक वह अपने आप कार्य करता रहता है। इसी सर्जनात्मक शक्ति के कारण प्राणी जीवन एवं वनस्पति जीवन का कार्य एक निश्चित लयबद्ध रुप से चलता रहता है और विश्व की उत्पत्ति, संहार और पुर्नउत्पत्ति का कार्य घड़ी की सुई की भाँति चलता है। चंद्र एवं सूर्य अपनी भूमिकाओं से विचलित नहीं होते हैं। प्रकृति सर्जनात्मक सिद्धांतो द्वारा बनाये गये अनंत, अविनाशी नियमों के अनुसार चलती जाती है जब तक मनुष्य उनमें हस्तक्षेप नहीं करता है।

कल्पना कीजिये कि आप एक बगीचे में हैं। जब आप झाड़, वृक्ष, घास एवं फूलों को देखते हैं तो उन सबमें सर्जनात्मक शक्ति को पाते हैं। यह सर्जनात्मक शक्ति निरंतर क्रियाशील रहती है और अपने कार्य को भलीभाँति जानती है। किसी भी एक वस्तु को इसमें से पृथक करके देखें। उस पर अपना ध्यान केंद्रित करें और विचार करें कि वह क्या है? क्यों है? और उसका उद्देश्य क्या है?

किसी भी सजीव वस्तु को लें। उदाहरणार्थ सेब का वृक्ष। इस सेब के वृक्ष को सेब बनाना आता है, और इसी प्रकार विश्व के सभी सेब के वृक्षों को सेव बनाना आता है। और सेब बनाना केवल इन्हीं वृक्षों को आता है और

किसी को नहीं। एक सीप अपने खोल का निर्माण कर मोती बनाना जानती है। आप कृत्रिम मोती बना सकते हैं किंतु एक प्राकृतिक मोती नहीं बना सकते।

इसी प्रकार प्रकृति का कार्य चलता है। एक मानव ही दूसरे मानव को जन्म दे सकता है। प्रत्येक सजीव के पास अपने जैसे दूसरे सजीव को उत्पन्न करने की शक्ति होती है और जीवन का प्रवाह सतत् रुप से इस तरह चलता रहता है।

हम शायद ऐसा सोचें कि विज्ञान अब जीव रचना भी कर सकता है पर ऐसा नहीं है। इसे समझाने के लिये मुझे एक चुटकुला याद आ रहा है।

*"भगवान स्वर्ग में बैठे हैं। एक वैज्ञानिक उनके पास जाकर कहता है "हे प्रभु, अब हमें आपकी आवश्यकता नहीं हैं। विज्ञान ने अंतत: शून्य में से सर्जन करने की कला सीख ली है। दूसरे शब्दों में आप जो भी करते है वह सब अब हम कर सकते हैं।"*

*"ओह, ऐसा है? बताओ...?" भगवान ने उत्तर दिया।*

*"देखिये" वैज्ञानिक बोला "हम मिट्टी लेकर आप जैसे उसे गढ़ कर उसमें जीवन फूँक सकते हैं, और इस तरह मनुष्य की रचना कर सकते हैं।"*

*"अच्छा ऐसा है? तो दिखाओ..." भगवान ने उत्तर दिया।*

*इस पर वैज्ञानिक धरती पर झुकता है और मिट्टी लेकर उसे आकार देना आरंभ कर देता है।*

*"नहीं, नहीं, नहीं" भगवान उसे टोकते हैं।*

*"अपनी मिट्टी खुद लाओ।"*

जब हम इस सर्जनशील शक्ति को देखते हैं तो हमें तीन चीजें नजर आती है।

पहली : यह शक्ति बुद्धिमान है।
दूसरी : यह शक्ति सर्वत्र विद्यमान है।
तीसरी : यह शक्ति सर्वशक्तिमान है।

इसलिये यह सर्जनशील शक्ति –

सर्वज्ञ
सर्वव्यापी
सर्वशक्तिमान है।

यह तीनों तत्व ब्रम्हांड में सर्वत्र व्याप्त है, सभी क्रियाओं में समाविष्ट हैं और सभी वस्तुओं का उद्गम स्थान हैं।

उन्नीसवाँ अध्याय

# विचारों के विविध प्रकार

हमें आनेवाले सभी विचार स्वतंत्र रुप से आते हैं इसलिये हमें उनका अतिथि की भाँति स्वागत करना चाहिये, उन्हें 'यजमान' बनने नहीं देना चाहिये। जब आपको एक विचार आता है तब उसके जिस परिणाम की अपेक्षा आपको होती है, उससे भिन्न परिणाम को आप स्वीकार नहीं कर पाते हैं। विचारों का निरीक्षण कर उन्हें गुजर जाने देना उनसे निपटने का सही तरीका है।

मन में प्रतिमा तैयार कर ज्ञानेद्रिंयों द्वारा उन्हें देखने की मेरी आदत के कारण मुझे ऐसे कई सबूत मिले जिनके अनुसार विचारों को हमारे अंदर स्थायी घर बनाने नहीं देना चाहिये अपितु उन्हें केवल कुछ दिनों के लिये आये मेहमान की भाँति स्वीकारना चाहिये। मैंने यह गौर किया कि मेरे मन में आनेवाले प्रत्येक विचार ने तुरंत आकार धारण किया। जब तक मैंने उसे देखा नहीं वह मेरे मन में रहा, उसकी तरफ ध्यान देकर स्वीकृति प्रदान कर देने पर वह मेरी चेतना से बाहर निकल गया।

## स्वंय के लिये करने हेतु एक व्यायाम प्रकार

आप किसी एक व्यक्ति, जगह अथवा वस्तु के बारे में सोचें और अपने मन के अंदर झाँके, क्षण भर में कैसे मन ने उसे हूबहू आकार दे दिया? इसी प्रकार एक छोटे से घर में 20-25 लोग आ जाने पर जैसी परिस्थिति उत्पन्न होगी वैसी ही परिस्थिति सभी विचारों को बाहर ना भेजने पर होगी। ये लोग दरवाजे, आने जाने के मार्ग, सीढ़ीयों के नीचे, दालान और बाड़े में भी भरे हुये मिलेंगे। अगर आप अपने विचारों को कसकर पकड़े रहेंगें और उन्हें छोड़ेंगें नहीं तो बाहर जाने का मार्ग भी बंद हो जायेगा और असंख्य विचारों की भीड़ में आपकी विचार क्षमता पूर्ण रूप से ठप्प हो जायेगी।

कल्पना कीजिए कि हजारों प्रकार के विचार अगर आपके दिमाग में घुस जायेंगें तो आपका दिमाग या तो सुन्न हो जायेगा या आपको जोरों का सिर दर्द हो जायेगा। अगर इस प्रकार की शक्ति जीर्ण होने लगती है तो उससे संबधित चक्र के अनुसार उस भाग में अल्सर, टयूमर, या खून के असाधारण जमाव के रूप में सामने आती है। अगर सुचारू रुप से उसे शरीर से पार नहीं किया गया तो वह आपघातिक या निराशावादी विचार बनकर आपकी चेतना का एक हिस्सा बन सकती है और जीर्ण रोग उत्पन्न हो सकते हैं।

अगर हम सर्तक नहीं रहेंगें तो सुप्त मन में जानेवाले सभी अनावश्यक विचारों को रोक नहीं पायेंगे। किसी भी बात में भेदभाव करने की क्षमता ना होने के कारण मेरी दृष्टि में अचेतन मन एक मर्यादित क्षमता का चालक है उसे अच्छे-बुरे सही गलत इन सबका अंतर नहीं पता है। उसका कार्य केवल परिणाम हासिल करना है। अवचेतन मन में क्या क्या प्रवेश कर रहा है उस पर बारीकी से एक प्रहरी की भाँति नजर रखना यह चेतन मन का महत्वपूर्ण उत्तरदायित्व है। आपके भविष्य की रचना इस पर निर्धारित है।

अवचेतन मन की कल्पना मिट्टी के एक बड़े घड़े की भाँति करें। आपके जीवन के दौरान, आप इसमें थोड़ा गेहूँ डालते हैं, फिर थोड़े चावल, फिर थोड़े कंकड़ पत्थर, फिर सोना-चाँदी और फिर थोड़ा कचरा डालें और इस भाँति भिन्न-भिन्न प्रकार के पदार्थ डालते रहें। अब ऐसी कल्पना कीजिए कि इस घड़े के पेंदें में छेद है। आपने अंदर डाली सामग्री आपको किस क्रम में और किस रुप में प्राप्त होगी ? वह कैसी अवस्था में होगी ?

जैसा कि मैंने कहा, अवचेतन मन भेदभाव नहीं कर सकता। वह केवल परिणाम घोषित करने का कार्य भलीभाँति करता है। अगर, अपने एक मित्र के साथ बातचीत के दौरान, मैं उसे कहूँ ''मैं तुमसे तंग आ चुकी हूँ या तुम एक सिरदर्द हो'' तो ये विचार अवचेतन मन में जाकर बैठ जाते हैं और यथासमय इनका परिणाम नजर आता है। यह सुनिश्चित है। अगर मैं विचारों की शक्ति के बारे में जागरुक हूँ तो मैं तुरंत अपने कथन को इस प्रकार बदल दूंगी – ''मैं आपके कार्य करने की पद्धति से सहमत नहीं हूँ'' अथवा ''आपका यह कथन मेरे लिये चुनौती प्रस्तुत कर रहा है'' या इस तरह के प्रभाव वाला और कोई कथन।

देखा गया है कि चेतन मन जो स्वीकार करता है और जिसे सत्य मानता है, अवचेतन मन किसी भी प्रकार का विचार या तर्क किये बिना उसे सत्य

मान लेता है। अवचेतन मन के पास विचार करने की अथवा निर्णय लेने की क्षमता नहीं होती है। इसलिये यह उत्तरदायित्व चेतन मन को उठाना पड़ता है किन्तु अवचेतन मन के पास चेतन मन द्वारा निर्धारित किसी भी बात को पूर्ण करने की क्षमता मात्र होती है। साधकों को यह सलाह दी जाती है कि वे नीचे लिखा हुआ प्रयोग एक सप्ताह तक करें। किन्तु यह आपके रोज के अभ्यास का हिस्सा नहीं है।

एक सप्ताह के लिये, आप रोज सुबह जितने बजे उठते है उससे थोड़ा जल्दी उठें। आपके लिये जिस भी किसी व्यक्ति की राय मायने रखती है उससे मिलने के लिये आप जा रहे हैं ऐसी कल्पना करें और उसी हिसाब से साफ सुथरे कपड़े पहन कर तैयार हों। दूसरे शब्दों में, आप अपने अंदर स्थित 'मैं' से मिलने जा रहे हैं। अब नीचे लिखे निर्देशों का पालन करें –

- एक दर्पण के सामने खड़े हो जायें।

- स्वंय की आँखो में झाँकते हुये मुस्करायें।

- अपने साथ निम्नलिखित बातचीत आरंभ करें : स्वयं को अपने नाम से संबोधित करें, यानि कि, ''मैं राम शरण...''

''मैं आपका आभारी हूँ। मुझे यह पता है कि मेरी इच्छानुसार आप कार्य कर सकते हैं। मुझे आप पर पूरा विश्वास है।

(अभिनय करें और भावना के साथ कहें। खुशी से मुस्करायें और प्रसन्नचित्त रहें)

''मैं जो कुछ भी करना चाहता हूँ वो आपके लिये संभव है, यह मैं जानता हूँ। इसलिये आप पर मेरा अटूट विश्वास है। मैंने यह जाना है कि आप सर्जनकर्ता, विश्व के रचयिता हैं। मैंने यह पाया है कि मुझे जो भी कुछ प्राप्त करना है, जिस भी किसी चीज को हासिल करना है वह सब आप अपने अंदर निहित सर्जनशील शक्ति द्वारा कर सकते हैं।''

(खुद की आँखों में गहराई से झाँके। आप जो कुछ भी कर रहे हैं वह सत्य है, इस पर विश्वास करें। सत्य ! सत्य ! सत्य ! वास्तव में सत्य ! ऐसा अभिनय करे कि जैसे आप खुशी, यश और सफलता की चोटी पर खड़े हैं या आपको जो चाहिये उसे हासिल करने के बिल्कुल करीब हैं।)

*''आप सफलता हैं। आप जो भी पाने की कामना रखते हैं जरुर पायेंगे। इसके लिये आपने एक नवीन शक्ति प्राप्त की है, जिसके लिये कुछ भी असंभव नहीं है।''*

(उत्कट भावना से ओत प्रोत हो जायें। आँखों में चमक लेकर तीव्र एकाग्रता से उनमें झाँके। आपको स्वयं के भीतर और दूसरों में प्रेम का सागर दिखेगा। जिस भी प्रकार की आप इच्छा करेंगे, माँग करेंगे उसी प्रकार की मदद आपको दूसरों से मिलेगी। उसी तरह आप भी दूसरों की सहायता करने के लिये तत्पर रहें। इस उद्देश्य से आरंभ करें। दयालु बनें, लोगो की तरफ देखकर मुस्करायें और फिर देखें। आपको आश्चर्य होगा कि आपको मिलने वाली प्रतिक्रियायें हूबहू आपकी मन की इच्छा के प्रमाण में होंगी।)

इसलिये ऊपर दिये गये वाक्यों को भावपूर्वक कहने से, आप स्वयं को एक महत्वपूर्ण मुकाम पर लाते हैं, जिससे आपको शक्ति, बल और नेतृत्व मिलेगा। अवचेतन मन को अपने विचारों से प्रभावित करना सहज एवं सरल है। आप जो कुछ भी उसे कहेंगे वह तुरंत उस पर विश्वास करता है क्योंकि उसके पास विचार करने की क्षमता नहीं हैं।

इस विचारों को दिन भर दोहराते रहने की आवश्यकता है। इससे वह आपकी विचारप्रणाली का एक हिस्सा बन जायेंगें और उसके सकारात्मक स्पंदन आपके लिये तैयार होंगे। इसके निरंतर अभ्यास से आप जो कुछ भी कहते हैं उसके बारे में सतर्क हो जायेंगे। और जागरुकता से आप अपने अनुभवों का नूतनीकरण कर एक नवीन व्यक्तित्व की रचना करेंगें।

बीसवाँ अध्याय

# ऊर्जा में अवरोध और अस्वस्थता

मैं कौन हूँ? इसकी खोज करते हुये मानवीय परिस्थितियों के बारे में मुझे स्पष्ट ज्ञान प्राप्त हुआ। हमारे शरीर का ढ़ाँचा और रुप हमारे विचारों का ही परिणाम है। एक बार इसका बोध हो जाने पर और इसकी समझ आ जाने पर हम यह जान जाते हैं कि हमें कैसा होना चाहिये और हम कैसे बन सकते है इसकी केवल हमें कल्पना करनी है। हम स्वयं का निर्माण खुद करते हैं। अब तक हम केवल निर्माण के नियमों का पालन कर रहे थे और वह भी बिना, समझे बूझे। हमारे विचारों को एक निर्धारित दिशा नहीं मिली थी। हमारे जीवन में जिनका कोई भी उपयोग नहीं है ऐसे असंख्य अनगिनत विचार निरंतर आते जाते रहते हैं। इन विचारों को हम इकट्ठा करते हैं और अनुपयोगी वस्तुओं की भाँति उनका संचय करते हैं, जिससे शरीर में अवरोध पैदा होते हैं। इससे ऊर्जा के प्रवाह में बाधा आती है, और वह कोनें और दरारों में जहाँ पर भी मार्ग मिले वहाँ पर प्रवाहित होने का रास्ता ढूँढ़ती है ताकि हम अपना जीवन यथोचित तरीके से जी सकें। ऐसे ऐरे गैरे असंबधित विचारों के प्रवाह पर नियंत्रण पाने के लिये सचेतन मन को एक नियंत्रक की भाँति कार्य करना होगा।

**रोग के पहले की अस्वस्थता, उसकी उत्पत्ति व उसका प्रकटीकरण कैसे होता हैं?**

अस्वस्थता और रोग कब उत्पन्न होते हैं? जब हम किसी स्थिति में आरामदायक महसूस नहीं करते हैं, जब हम विक्षुब्ध होते हैं या द्वेष, घृणा, दु:ख, लोभ, तिरस्कार, संताप इत्यादि में से किसी एक नकारात्मक विचार के कारण उद्विग्न हो जाते हैं तो उस समय हमें अस्वस्थता और बैचेनी का अनुभव होता है। अगर इन नकारात्मक भावनाओं का हम समय रहते समाधान नहीं करते हैं तो वे हमारे शरीर, मन, बुद्धि में घर कर लेती हैं और धीरे-धीरे इनकी

जड़ें सशक्त होती जाती है। परिणाम स्वरुप हम अस्वस्थ महसूस करते हैं और शरीर में रोग के लक्षण प्रकट होते हैं।

सर्वप्रथम यह नकारात्मक भावना एक काले रंग के गाढ़े चिकने पदार्थ के रुप में प्रकट होती है और सूक्ष्म शरीर के खाँचो में प्राणशक्ति के स्वतंत्र प्रवाह को अवरोधित करती है। इसका अहसास मनोस्थिति में उतार चढ़ाव और शारीरिक, मानसिक और भावनात्मक स्तरों में असंतुलन के रुप में होता है। अगर कोई व्यक्ति आत्मविकास के किसी कार्यक्रम का अभ्यास कर रहा है तो ध्यान एवं आत्मविश्लेषण की प्रक्रिया द्वारा अवरोध में परिवर्तित हो चुकी इन नकारात्मक भावनाओं से वह छुटकारा पा सकता है। इस तरह सचेत रहकर हम आध्यात्मिक उन्नति के पथ पर आगे बढ़ सकते हैं और संचित भावनाओं को अपनी जड़े फैलाने और सूक्ष्म शरीर में प्राणशक्ति के प्रवाह में बाधा पैदा करने से रोक सकते हैं। इन अवरोधों के कारण संबंधित इंद्रियों में योग्य मात्रा में रक्त का प्रवाह नहीं होता है और इस कारण रोग होने की संभावना होती है।

''अपने जीवन के हम स्वयं स्वामी हैं और अपनी मृत्यु के भी हम स्वयं लेखक हैं।'' ऐसा कहा गया है। हम आनंदपूर्ण जीवन व्यतीत कर सकें और असंबंधित विचारों के भँवर में फँसे बिना प्राकृतिक नियमों से तालमेल मिलाकर रख सकें तो जीवन में सरलता से आगे बढ़ेंगे। शांत और स्थिर रहिये, किसी भी बात की शिकायत या तकरार ना करें, ना ही अपनी प्रतिक्रिया जाहिर करें। अगर आप इन सरल नियमों का पालन करते है तो आप जागरुक हैं। ध्यान रखिये कि 'दूसरे' का हमसे कोई लेना देना नहीं है। हममें से प्रत्येक व्यक्ति अपनी पटकथा खुद लिख रहा है। और इसके लिये हम अपने पात्रों का चुनाव स्वयं करते हैं एवं उन्हें अपने मन के अनुसार भूमिका प्रदान करते हैं। हमारी प्रगति के लिये और हमारे कर्मो के अनुसार हमारी मदद करने के लिये उनका चयन हम खुद करते हैं। इसलिये उत्तेजनाओं और एक दूसरे के प्रति होनेवाली मानवी प्रतिक्रियाओं में निरंतर विरोध होता है क्योंकि ये दोनों बातें पहले से निर्धारित मतानुसार अपने अपने मन के आधार पर भिन्न भिन्न परिणाम दर्शाती है। इसलिये जागिये और वर्तमान में आइये। मन में बसी पुरानी धारणाओं के आधार पर व्यवहार करना बंद कीजिए। अपनी इस मनोस्थिति से बाहर निकलें। इससे आपकी प्रगति में बाधा पड़ रही है। ध्यान पूर्वक जागृत होकर रहने की आदत डालिये। जो भी परिस्थिति हो उसका सामना करें ना कि उसका प्रतिकार करें। कुछ काल के पश्चात यह जागृति खुदबखुद आप में आ जायेगी और सभी परिस्थितियाँ आपको सामान्य लगेगी।

इक्कीसवाँ अध्याय

# ध्यान के पूर्व की तैयारी

## स्पष्टीकरण

हम देखते हैं कि सर्जनशील शक्ति सर्वत्र एवं चराचर में व्याप्त है। वह सर्वज्ञ, सर्वव्यापी और सर्वशक्तिमान है। जीवन में ऐसा कुछ भी नहीं है कि जहाँ इस सर्जनशील शक्ति का अस्तित्व ना हो और यह संपूर्ण सृष्टि का उद्गमस्थान है। इस तत्व के ज्ञान को प्राप्त करिये, और अपने जीवन के सही अर्थ और मायने को समझिये। आप अपनी कल्पना शक्ति को कार्यरत देखते हैं क्या? इस ब्रम्हांडिय सर्जनशक्ति के बारे में इस तरह से पहले आपने कभी नहीं सोचा था। आनंदमय रहिये, आप जिस रुप में चाहते हैं, आपको वह परमेश्वर दिखेगा। जिस तरह आप उसे निरंतर देखते रहते हैं। (जिसे स्वर्ग कहते हैं ऐसी सबसे ऊँची जगह पर एक व्यक्ति या दूसरे किसी रुप में रहने वाला) वह अर्थात सर्वत्र समान प्रमाण में और सर्वत्र ज्ञात सर्जनशील तत्व है। आपको दिया जाने वाला ज्ञान आपको कैसे मिला यह आपकी अंत:प्रज्ञा और विचार शक्ति पर निर्भर करता है। अब हमें यह समझ आ गई है कि ब्रम्हांड और ईश्वर ये दोनों एक दूसरे से भिन्न नहीं हैं। हमें यह भी ज्ञात हो गया है कि सर्जन किया गया मानव और उसका सर्जनकर्ता ये दोनों भी भिन्न नहीं हैं। ''ईश्वर मनुष्य में है और मनुष्य ईश्वर में है।''

नीचे लिखे पद्यांश का भावनापूर्वक उच्चारण करें, उन्हें याद करें और ध्यान के समर्थन वाक्यों में उन्हें समाविष्ट करें।

## आठ प्रार्थनायें :

*''आप ओ प्रभु जो इस सृष्टि के जीवन एवं आधार हैं, जो जीवन से भी प्रिय हैं, मेरे मस्तक को शुद्ध कीजिए।''*

*''आप जो सभी दु:खों से मुक्त हैं, जिनके सम्पर्क में आने से मैं सभी दु:खों से मुक्त हो जाता हूँ, मेरी आँखो को शुद्ध कीजिए।''*

*''आप जो सम्पूर्ण सृष्टि में व्याप्त हैं, उसका संचालन एवं नियंत्रण करते हैं, मेरे गले को शुद्ध कीजिए।''*

*''आप सर्वज्ञ है। आप मेरा हृदय शुद्ध कीजिए।''*

*''आप जो सृष्टि के आदिकारण है, मेरा पूरा शरीर शुद्ध कीजिए।''*

*''आप जो सम्पूर्ण सृष्टि के आधार हैं, मेरे चरण शुद्ध कीजिए।''*

*''आप सम्पूर्ण सत्य हैं। आप फिर से मेरा मस्तक शुद्ध कीजिए।''*

*''आप जो सर्वव्यापक हैं मेरे सम्पूर्ण व्यक्तित्व को शुद्ध कीजिए।''*

## आठ प्रार्थनाओं की व्याख्या

***''आप, ओ प्रभु, जो इस सृष्टि के जीवन एवं आधार हैं, जो जीवन से भी प्रिय हैं, मेरे मस्तक को शुद्ध कीजिए।''***

जीवन से अधिक प्रिय क्या है ? जीवन और जगत को आधार प्रदान करनेवाली वह अदृश्य शक्ति जो पूरी सृष्टि रचना की आदि और अंत है। 'मेरा मस्तक शुद्ध कीजिये' – क्योंकि हमारे मस्तक के अंदर वह माध्यम स्थित है जिसके द्वारा हम 'वैश्विक मन' से विचार और कल्पनाएँ प्राप्त कर उनका अपनी मनोस्थिति के आधार पर विश्लेषण करते हैं और फिर उन्हें बाहर भेजते हैं। बुलंद आवाज में प्रभु से प्रार्थना कर आप अपना मस्तक शुद्ध करने की याचना करते हैं। ताकि हमारा मस्तक जो संचार का केंद्र है वह विश्व और उसकी कार्यप्रणाली के बारे में सही ज्ञान प्राप्त कर सके।

***''आप जो सभी दु:खों से मुक्त हैं, जिनके सम्पर्क में आने से मैं सभी दु:खों से मुक्त हो जाता हूँ, मेरी आँखो को शुद्ध कीजिए।''***

चूँकि हमारा मन संचित खयालों का भंडार है क्या आपने कभी सोचा है कि ये खयाल हमें कहाँ से आते हैं ? अधिकांशत: ये आपके मन में आँखों के द्वारा आते हैं और वे भ्रम होते हैं फिर भी आप उनपर विश्वास करते हैं। बहुधा लोग आँखोंदेखी घटनाओं की व्याख्या भी मन की धारणाओं के आधार

पर करते हैं। आपके मन में जिस व्यक्ति के लिये असीम आदर है ऐसे व्यक्ति को अगर आप बाँह पकड़कर किसी महिला को रास्ता पार करवाते हुये देखेंगे तो आपका मन तुरंत ही इस घटना के बारें में एक दृष्टिकोण तैयार कर उसे मन में संचित कर लेता है। आप उस वक्त उद्भव हुई परिस्थिति के बारे में नहीं सोचते हैं। शायद वह महिला बीमार होगी या उसके पैरों में चोट लगी होगी। हमें प्रार्थना करनी चाहिये कि केवल जो सत्य हो ऐसी ही जानकारी हमारे मन में संचित हो जिससे की हमारा मन वैश्विक मन के साथ संतुलन की ओर बढ़े और अंतःदृष्टि से आध्यात्मिक स्तर पर हम उस जानकारी को समझ सकें।

### ''आप जो संपूर्ण सृष्टि में व्याप्त हैं, उसका संचालन एवं नियंत्रण करते है, मेरे गले को शुद्ध कीजिए।''

मेरा गला ही क्यों ? शब्द यह वैश्विक ध्वनि है। आपका शब्द आपकी शक्ति है। फिर भी शब्दों की शक्ति से भी अधिक शक्तिशाली कुछ है और वह है ''मौन''। जब हम ध्वनि को सही तरीके से समझकर उसका उपयोग योग्य तरीके से कर सकते हैं तभी हम उस ''मौन'' को प्राप्त कर उसमें प्रस्थापित हो सकते हैं। विश्व के किसी भी सजीव द्वारा निकाली गई कोई भी आवाज एक ही ध्वनि से उत्पन्न होती है – कुछ लोग इसे ''ईश्वर का शब्द'' और कुछ इसे ''आदिस्पंदन'' कहते हैं।

''आवाज का प्रभाव'' हमारे मन पर पड़नेवाले किसी भी प्रभाव से अधिक शक्तिशाली है और निःशब्द शांतता तक पहुँचने का मार्ग इसी आवाज के माध्यम से होकर जाता है। आपकी आवाज आपके गले से आती है और आपके गले से जो भी शब्द बाहर निकलते हैं वे आपको ज्ञात सत्य पर आधारित है या नहीं इसका चुनाव करने की स्वतंत्रता आपको है। मेरी आपको यह सलाह है कि निरर्थक बातों में आप अपनी शक्ति ना गँवाये। मुझे मेरे गुरु ने सिखाया कि हमारी जीभ को काबू में रखने में बुद्धिमानी है। आपको जो कुछ भी पता है वह आप अपने तक सीमीत रखें। निरर्थक बातों में अपनी शक्ति ना जाहिर करें अपितु उसका संचय करें। इस शक्ति का उपयोग केवल ऐसे स्थान और ऐसे वक्त पर करें जब आपको पूर्ण रुप से विश्वास हो कि आपके बोलने से सुननेवाले को कुछ लाभ होगा। शायद अभी आप इसका अर्थ ना समझें पर समय आने पर इस का बोध आपको अवश्य होगा। उस वक्त तक, अपना मुँह केवल तभी खोलें जब आपके पास बोलने लायक कुछ हो – दूसरों की निंदा, बुराई, चुगली या बेवजह की बकबक ना करें।

*"आप सर्वज्ञ है। आप मेरा हृदय शुद्ध कीजीये।"*

हम यह समझते हैं कि शारीरिक स्तर पर उत्तम स्वास्थ्य का आनंद उठाने के लिये हमारा हृदय शुद्ध होना चाहिये। किंतु यहाँ पर इसका अर्थ और भी अधिक गहरा है। हृदय चेतना का स्थलपीठ है। हृदय के बारे में ज्ञान प्राप्त करने से हम वैश्विक ज्ञान के संपर्क में आते हैं और ब्रम्हांडिय हृदय से संबंध स्थापित करते हैं। एक बार यह संबंध स्थापित हो जाने पर आप होशियार पर दयालु, व्यवहारिक पर स्वंयप्रेरित, साहसी पर दायित्वपूर्ण, जवाबदार पर संवेदनशील ऐसा जीवन जी सकते हैं। इसका अर्थ यह है कि प्रत्येक कल्पना, संवेदना, विचार व क्रिया संतुलित प्रमाण में आपके जीवन में प्रकट होगी। ऐसी योग्य चेतना प्राप्त करने के लिये शारीरिक मानसिक व आध्यात्मिक स्तर पर आपका शुद्ध होना आवश्यक हैं। ऐसी चेतना प्राप्त करने में प्रयास एवं समय लगता है।

हमारे ऋषियों ने एक अद्भुत कथा सुनाई है। ऐसा माना जाता कि प्रत्येक मनुष्य ईश्वर है और जब मनुष्य ने दैवी शक्ति का दुरुपयोग किया तब ईश्वर ने रुष्ट होकर वह शक्ति छीन ली और उसे छिपा दिया। मनुष्य की प्रतिभा, बुद्धि, वैभव और ऐश्वर्य की स्तोत्र इस शक्ति को ऐसी एक जगह छुपा दिया कि जहाँ उसकी खोज वे शायद ही करें। वह स्थान हैं 'आध्यात्मिक हृदय'।

इस सभी पाठों में, 'आध्यात्मिक हृदय' को अत्यंत महत्व दिया गया है। जब ऋषि-मुनि ध्यान की उच्च पराकाष्ठा तक पहुँचे तो उन्होंने अपने हृदय के दाँई ओर अंगुष्ठ के आकार की एक लौ देखी। यह है 'अंगुष्ठ आत्मा'। यह उच्च कोटी का अनुभव है जब मनुष्य ब्रम्हांड के साथ एकरुप हो जाता है और उसका चेहरा प्रकाश से प्रदीप्त हो जाता है। इस अनुभव के पश्चात अगर कोई साधक शुद्ध एवं संतुलित जीवन व्यतीत करता है तो यह आभा हमेशा उसके चेहरे पर चमकती है। ऋषी मुनियों के शरीर के चारों तरफ हम जो आभा देखते हैं वह ईश्वर के साथ एकरुप हो जाने का प्रतीक है। जीवन की सही अनुभूति विशुद्ध हृदय पर अवलंबित है। अर्थात आपके जीवन की प्रत्येक कल्पना, संवेदना, प्रत्येक कार्य और अनुभूति यह सभी संतुलित होने चाहिये।

***"आप जिनके कारण ब्रम्हांड है, मेरा पूरा शरीर शुद्ध कीजिये।"***

हमारा शरीर शारीरिक, मानसिक व आध्यात्मिक इन तीन गुणों से बना हुआ है। हमारा मन वैश्विक मन से आनेवाली कल्पनाओं से बना हुआ है। आपको यह पता है कि साँस वह माध्यम है जो सभी सजीवों को एक दूसरे से जोड़ती है। उसी प्रकार हमारा मन जो वैश्विक मन से आने वाले विचारों से बना है वह भी सभी सजीवों के विचारों से जुड़ा हुआ है। शारीरिक आरोग्य, आनंद एवं आदर इनका बारंबार उच्चारण करें। 'आनन्द, आभार, श्रद्धा', ये जीवन के कभी नष्ट न होने वाले अमर त्रिकोण हैं।

***"आप जो सम्पूर्ण सृष्टि के पालनकर्ता हैं, मेरे चरण शुद्ध कीजिए।"***

आपके पैर आपके शरीर का महत्वपूर्ण अंग है। हम अपने पैरों के बिना कहीं भी आ जा नहीं सकते। किन्तु आध्यात्मिक दृष्टि से आपके पैर जिस पृथ्वी पर आप खड़े हैं उस पृथ्वी और आपके बीच महत्वपूर्ण सबंध स्थापित करते हैं। जिस पृथ्वी पर हम खड़े हैं उस पृथ्वीका चुंबकत्व हमारे पैरों के माध्यम से हमारे शरीर में प्रवेश करता है।

***"आप सम्पूर्ण सत्य हैं। आप फिर से मेरा मस्तक शुद्ध कीजिये।"***

आपकी चेतना आपके मस्तक के माध्यम से आपको प्राप्त होती है। यह चेतना सही हो। इस अभ्यास क्रम की रचना इस प्रकार की गई है कि मानव की चेतना को घेरे हुये जंजाल को दूर कर व अपने संकुचित मन की रुढ़िवादी बेड़ियों को तोड़कर धैर्य और साहस से अपने सत्य स्वरुप की खोज हम कर सकते हैं।

***"आप जो सर्वव्यापक हैं मेरे सम्पूर्ण व्यक्तित्व को शुद्ध कीजिये।"***

अगर आप अपना अभ्यास निष्ठतापूर्वक कर रहे हैं तो "आपकी अपनी आध्यात्मिक श्वसन क्रिया" और उसके समर्थन वाक्य में निहित विचारों के मर्म को आप समझेंगें और उनका अनुभव कर सकेंगें।

विज्ञान की खोज के अनुसार विश्व की उत्पति "बिग बँग" (प्रचंड विस्फोट) से हुई। इसके पश्चात सभी भाँति के जीव उत्पन्न हुये जैसे कि: एक कोशिय, बहुकोशिय, रेंगनेवाले प्राणी, पक्षी, सस्तन प्राणी और मनुष्य। विकास वादी प्रक्रिया में इस सभी की उत्पति एक दिव्य उद्देश्य के लिये की गई है।

'मेरा पूरा व्यक्तित्व शुद्ध कीजिए' इसका अर्थ यह है कि संतुलन साधने की दृष्टि से मनुष्य के रुप में मेरी भूमिका से क्या अपेक्षित है। 'आपकी अपनी आध्यात्मिक श्वसन क्रिया' के समर्थन वाक्यों के अनुसार आप इस विश्व के एक हिस्से हैं और आपके प्रेम के स्पंदनो से पेशीय जीव से लेकर अती सूक्ष्म जीव तक सभी सजीव उसमें व्याप्त हो जाते हैं। ये स्पंदन फिर से लौटकर आपके पास आते हैं और आपको अपने में विलीन कर लेते हैं। इस तरह आप विश्व में समाविष्ट हो पूर्ण आनंद की स्थिति प्राप्तकर सच्चिदानंद बनते हैं।

श्वसन क्रिया के अभ्यास के द्वारा दिव्य प्रयोजन के लिये जन्में उस व्यक्तित्व की जड़ता खत्म होकर सूक्ष्म शरीर का विस्तारण होता है। यह विस्तारण आपकी कल्पनाशक्ति और चेतना जहाँ तक पहुँच सकती है वहाँ तक फैलता है। 'आपकी अपनी आध्यात्मिक श्वसन क्रिया' के समर्थन वाक्यों के अनुसार आप विस्तारित हो – सर्व प्राणीमात्र एवं आपके सम्पर्क में आनेवाली सभी वस्तुओं को व्याप्त कर 'विश्व' से एकरुप हो जाते हैं। इस स्थिति का अनुभव जब आपको होगा तब ''कोऽहम कोऽहम'' अथवा ''मैं कौन हूँ'' इसका उत्तर आपको मिलेगा। आपको अनुभूति होगी कि आप ''सोऽहम'' या ''मैं वह हूँ''। ध्यान की इस अवस्था में आप ईश्वरीय चेतना से एकरुप हो जायेंगें।

दिव्य शक्ति के लिये उत्कट लालसा एवं तड़प होने पर इस तरह की स्थिति प्राप्त की जा सकती है। एक बार इस पड़ाव तक पहुँच जाने पर आपके अंदर निहित परमेश्वर आपका मार्गदर्शन करते हैं। जब आप बताये हुये तरीके से अधिकार पूर्ण वाणी द्वारा अभ्यास करते हैं तो 'स्त्रोत चेतना' धीरे-धीरे अपना रहस्य आपके सामने खोलने लगती है।

बाईसवाँ अध्याय

# ध्यान

स्वामी राम के अनुसार –

*"ध्यान की सहायता से आप दूसरे लोकों में प्रवेश कर सकते हैं। आध्यात्मिक जागृति प्राप्त करने के लिये ध्यान के अलावा कोई दूसरा मार्ग नहीं है। कुंडलिनी शक्ति की मदद से आध्यात्मिक जागृति के अनेक अनुभवों को आप महसूस करेंगे।"*

जब कोई व्यक्ति ध्यान लगाने बैठता है तो उसे अपनी साँस पर ध्यान केंद्रित करने की सलाह दी जाती है। ऐकार्ट टोले के शब्दों में;

*"असल में साँस का कोई आकार नहीं होता है इस कारण से साँस पर ध्यान केंद्रित करना आपके जीवन में जागृति निर्माण करने के लिये सबसे फलीभूत उपाय है... साँस के बारे में जागृत रहने पर आप वर्तमान में रहने को बाध्य होते हैं। सर्व आंतरिक बदलाव की यह कुंजी हैं।"*

जब आप ध्यान लगाने बैठते हैं और आप से कहा जाता है कि आप साँस पर ध्यान केंद्रित करें और तनावमुक्त होकर बैठें तो यह असंभव लगता है। अंतर्मन में इतने द्वंद्व होते हुये आप तनावमुक्त कैसे हो सकते हैं? उसी वक्त सभी ओर से विचार आपके मन को घेर लेते हैं। ऐसे में कोई भी शांत कैसे रह सकता है? आधारभूत तौर पर ध्यान के दौरान किसी भी प्रकार की क्रिया अपेक्षित नहीं है। ध्यान हमेशा निष्क्रिय होता है और 'निष्क्रियता' की इस अवस्था को पाने के लिये आपको कुछ ना कुछ करना पड़ता है। इसलिये ध्यान में दो अवस्थाओं का समावेश हैं अर्थात सक्रियतापूर्ण निष्क्रियता।

ध्यान के समर्थन वाक्य आपको देने का उद्देश्य है कि आपका मन आपको अनावश्यक विचारों के शिकंजे से बचाकर निश्चित एवं उपयुक्त विचारों की तरफ ले जाये जिससे आपका मन नीरव शाँति प्राप्त करे। इस अवस्था में आपके निष्क्रिय होने से 'ध्यान' लगता है। ऐसे समय पर 'ध्यान' होता है और 'आप' नहीं होते हैं। आपके चारों तरफ शोर शराबा होने पर भी आप अपने मौन में प्रस्थापित हो जाते हैं। इसी मौन में से सर्जनता उत्पन्न होती है। जीवन में होता यह है कि चुनौतियाँ हमेशा नई होती हैं किंतु उनके प्रति हमारी प्रतिक्रियायें भूतकाल के अनुभवों पर आधारित होने के कारण पुरानी होती हैं। जब हम अपनी रुढ़िवादी सोच या हमारे पूर्वजों द्वारा हमें बताई गई परंपराओं और मान्यताओं के आधार पर प्रतिक्रिया नहीं करते हैं तो हमें भिन्न प्रकार के अनुभवों की प्राप्ति होती है। एक नई सोच या नई प्रेरणा केवल तभी संभव है जब मन अतीत की बेड़ियों से मुक्त हो।

आठ श्वसन क्रियायें और समर्थन वाक्यों को पूरा करने के बाद सिर के नीचे बिना तकिया लगाये जमीन पर लेट जायें। अपना दाँया हाथ अपने बाँये हाथ पर रखकर उन्हें मणिपुर चक्र (नाभी पर) रखे। दाँये पैर को बाँये पैर पर रखें और आँखो को बंद करें। शाँति और लय बद्धता से साँस लें। आप अपना ध्यान अपनी साँस पर केंद्रित करें। ऐसी कल्पना करें कि जैसे आप एक 'दर्शक' हैं और अपनी साँस को देख रहे हैं। इससे आपको पूर्ण संतुलन और विश्राँति की अनुभूति होगी।

अगले अध्याय में दिये हुये ध्यान के समर्थन वाक्य और नकारात्मक वाक्यों को दोहराना आरंभ करें। अगर वे आपको याद नहीं है तो आप अपनी आवाज में उन्हें रिकोर्ड कर सकते हैं और आँखे बंद कर उन्हें सुन सकते हैं।

यह क्रिया आपकी स्मृति में से संचित कार्मिक जानकारी (डेटा) को निष्कृत करने में सहायता करेगी।

आप, जो कुछ भी प्रकट हो रहा है, उसके मायाजाल में फँसे बिना, निरपेक्ष रुप से केवल एक दृष्टा की भाँति उसे देखते रहिये और ''मैं निरोगी हूँ, मैं बलवान हूँ, मैं तरुण हूँ और मैं सुंदर हूँ'' ऐसा कहते रहिये।

इस प्रकार कुछ महीनों तक इसका अभ्यास करें। आपको यह बोध होने लगेगा कि संचित की हुई जानकारी उफन कर ऊपर की ओर आ रही है। जो कुछ हो रहा है उसे केवल देखते रहिये। जब आप ऐसे मुकाम पर पहुँच जायें जहाँ पर यादों का सिलसिला बंद हो जाये तब अपने हाथों की स्थिति को बदलकर अपनी छाती पर अनाहत चक्र के ऊपर रखें।

जिसमें सर्वज्ञान समाविष्ट है जिससे आपके शरीर में यौवन प्रस्फुटित होता है, उस अनंत, अगाथ प्रज्ञा का आभार मानें।

तेईसवाँ अध्याय

# ध्यान के सकारात्मक और नकारात्मक समर्थन वाक्य

भगवतगीता – श्री शंकराचार्य द्वारा लिखित
दक्षिणा मूर्ती स्त्रोत पर स्वामी चिन्मयानन्द की टिप्पणी के अनुसार –

*"विश्व के कालचक्र में ईश्वर, परमेश्वर, गुरु ये पूर्वनिर्दिष्ट कर्मों के अनुसार कार्यों के भागीदार बनते हैं। पूर्ण मानव जाति मानों कुम्हार के चाक पर बैठ उस पर घूमती रहती है। नियति अथवा संजोग इसका नियंत्रण नहीं करते हैं, गुरु ही वास्तव में इसका नियंत्रक होता हैं।"*

नीचे लिखी पंक्तियों को यादकर उनका उच्चारण करें –

- मनुष्य को जो सर्वश्रेष्ठ ज्ञान उपलब्ध है, उसे मैं प्राप्त करने जा रहा हूँ, अस्तित्व के रहस्य के ज्ञान को मैं पा रहा हूँ।
- विश्व की पहेली मेरे बारे में हैं, मैं अब उसे सुलझा रहा हूँ।
- अब मैं सीख रहा हूँ कि मनुष्य क्यों मृत्यु को प्राप्त होता है, क्यों जन्म लेता है और क्यों जीता है।
- मैं यह सीखता हूँ कि मनुष्य क्यों सफल होता है क्यों असफल।

- वह क्यों खुश होता है और क्यों असंतुष्ट। मुझमें इतनी शक्ति और सार्मथ्य है कि मैं जब तक चाहूँ जीवन जी सकूँ, जो भी चाहूँ उसे हासिल कर सकूँ और मेरे मन के द्वार अब यह ज्ञान प्राप्त करने के लिये खुले हुये हैं।
- मैं अब यह समझ रहा हूँ कि मनुष्य स्वयं अपने जीवन का स्वामी है और अपनी मृत्यु का लेखक भी वह स्वयं है। मुझे यह बोध हो गया है कि मृत्यु केवल एक मानसिक धारणा है न कि जीवन का नियम।
- मुझे अब यह ज्ञात हो गया है कि सभी नकारात्मक विचार केवल मानसिक धारणायें है ना कि जीवन के नियम।
- अब मैं यह सीख रहा हूँ कि सृष्टि का केवल एक नियम है और वह है जीवन का नियम।
- अब मैं उस शक्ति, उस क्षमता का विकास कर रहा हूँ जिससे अपने जीवन में मुझे उस दिव्य सिद्धांत का बोध हो जिसमें सम्पूर्ण सफलता, आनंद व शाँति समाविष्ट है।
- और अब इस अलौकिक सत्य के ज्ञान से मेरी चेतना को प्रकाशित करने के लिये अपने अंदर निहित उस अनंत आत्मा का मैं आभार मानता हूँ।

## नकारात्मक समर्थन वाक्य

- मृत्यु जीवन का नियम नहीं है। मनुष्य रोग, बीमारी व बुढ़ापे के अधीन नहीं है। बुढ़ापे का अस्तित्व नहीं है... रोग का अस्तित्व नहीं है... मृत्यु नहीं है।
- मैं रोग और बुढ़ापे के अधीन नहीं हूँ – मैं मुक्त हूँ – मुक्त – मुक्त हूँ हमेशा के लिये।

## सकारात्मक समर्थन वाक्य

- जीवन सृष्टि का नियम है। मैं जीवन हूँ – अलौकिक, आश्चर्यजनक, तेजोमय जीवन। मैं तरुण हूँ। मैं सौंदर्य, शक्ति व बल हूँ। मैं मुक्त हूँ। मुक्त जीवन। जीवन। मैं जीवन हूँ... अनंत, शाश्वत, अमर्यादित, कभी न खत्म होने वाला, अमर, अद्‌भुत जीवन... मैं मुक्त हूँ... मुक्त... मुक्त।

- मैं स्वयं अपने जीवन का स्वामी हूँ। मैं अपनी इच्छानुसार कार्य करुंगा। मैं आनंदित हूँ। मुझे पहले यह पता नहीं था किंतु अब मैं यह जान गया हूँ। अब अपने अस्तित्व की पूरी शक्ति से यह महसूस कर रहा हूँ कि अपने जीवन का मैं स्वयं स्वामी हूँ और अब मैं अपना जीवन पूर्ण रुप से जीना आरंभ करूंगा।

- अब मैं अपनी कल्पना से सर्जनशील प्रज्ञा का विकास कर रहा हूँ। मैं सर्जनशील प्रज्ञा का स्तोत्र हूँ। सर्जनशील प्रज्ञा मेरे मन की रोशनी है। मैं सभी अभावों से मुक्त हूँ।

- मैं पूर्ण हूँ। मैं सम्पूर्ण हूँ। मैं शक्तिशाली हूँ। मैं बलवान हूँ। मैं प्रेममय हूँ। मैं सामंजस्यपूर्ण हूँ। मैं धनवान हूँ। मैं तरुण हूँ। मैं आनन्दित हूँ।

- सृष्टि के सृजनकर्ता यहीं पर हैं। यहीं मेरे ह्रदय में, यहीं मेरे मन में, यहीं मेरे स्वरुप में, यहीं मेरे प्रत्येक कण में। स्वयं को प्रकट कीजिए, ओ मेरे जीवन के प्रभु। ओ अनन्त के प्रभु। वह – जिसमें मैं रहता हूँ, जिसमे मैं आवागमन करता हूँ, जिसमें मेरा स्वरुप है। आइये, मैं इंतजार कर रहा हूँ... मैं सुन रहा हूँ... मैं स्थिर हूँ... मैं अपने भीतर झाँकता हूँ... आइये।

- आज इस क्षण से और अनंतकाल तक, मैं अपने अंदर की सर्जनशील शक्ति को जो बाकी सभी जीवन रुप से भिन्न है, उसे सम्पूर्ण आरोग्य, सौंदर्य व शक्ति से परिपूर्ण करता हूँ। मैं अविनाशी हूँ... मैं अखण्ड हूँ... मैं विनाशहीन हूँ।

- मैं सर्जनशील आत्मा का स्वरुप हूँ... मैं अनंत जीवन हूँ। मैं अमर हूँ... यहीं पर... मैं अमर हूँ... इसी वक्त... मैं अमर जीवन हूँ... मैं जीवन भर अमर हूँ।

- आप, ओ प्रभु, जो सम्पूर्ण संसार का जीवन और सहारा हैं, जो जीवन से भी प्रिय है, मेरे मस्तक को शुद्ध कीजिए।
  आप, ओ प्रभु, जो सभी दु:खों से मुक्त हैं जिनका साथ पा कर मैं सभी दुखों से मुक्त हो जाता हूँ, मेरी आँखों को शुद्ध कीजिए।
  आप, जो सम्पूर्ण ब्रम्हांड में व्याप्त हैं, उसका संचालन और पालन करते हैं, मेरे गले को शुद्ध कीजिए।
  आप, जो सर्वज्ञ हैं, मेरे ह्रदय को शुद्ध कीजिए।

आप, जिसके कारण ब्रम्हांड है, मेरे सम्पूर्ण शरीर को शुद्ध कीजिए।
आप, जो सृष्टि के पालनकर्ता हैं, मेरे चरणों को शुद्ध कीजिए।
आप, जो सम्पूर्ण सत्य हैं फिर से मेरे मस्तक को शुद्ध कीजिए।
आप, जो सर्वव्यापी हैं, मेरे सम्पूर्ण शरीर को शुद्ध कीजिए।

**नकारात्मक**

- मैं ब्रम्हांड से विभक्त नहीं हूँ।

**सकारात्मक**

- मैं आर्कषण का केंद्र हूँ। मैं एक चुंबक हूँ।
- मैं स्वयं को सौंदर्य व यौवन से परिपूर्ण करता हूँ।

**नकारात्मक**

- मृत्यु सृष्टि का नियम नहीं है।

**सकारात्मक**

- मैं जीवन हूँ। मैं सृजनशील तत्व हूँ – तेजोमय, सुंदर, बलवान, दिव्य, सचेतन, ऊर्जा, तेज, जीवन, शाश्वत जीवन।
- मैं और सर्जनकर्ता एक हैं। मैं सर्जनशील तत्व हूँ। मैं अमर हूँ।
- मैं स्वयंभू हूँ। मैं सर्वव्यापी हूँ। मैं अविनाशी हूँ।
- मैं शक्ति, सौंदर्य, स्वास्थ्य व आनंद में प्रस्थापित हूँ।
- मैं तरुण हूँ। तेजोमय, सुंदर, मैं सदैव तरुण हूँ।
- मैं बलवान हूँ... शाश्वत जीवन... यौवन... सौंदर्य... मैं मुक्त हूँ... मुक्त... मुक्त।
- मैं आनंदित हूँ, मैं खुश हूँ कि बुढ़ापे का अस्तित्व नहीं है। मुझे बुढ़ापा नहीं है, मैं मुक्त हूँ... मुक्त... मुक्त... हमेशा के लिये मुक्त।

**नकारात्मक**

- मैं नाश, रोग, वृधत्व, सठियापन के अधीन नहीं हूँ।

**सकारात्मक**

- जीवन, आरोग्य, सौंदर्य, आनंद और सत्य... तारुण्य, तारुण्य, तारुण्य!

चौबीसवाँ अध्याय

# जागरण

मेरे गुरु के मार्गदर्शन के अंतर्गत, ब्रम्हविद्या के अभ्यास द्वारा मेरा 'जागरण' हुआ। अर्थात इसने मुझे एक नई सोच के पथ पर अग्रसर किया। यह 'जागरण' बस हो जाता है। इसके होने के लिये आप कुछ भी नहीं कर सकते हैं क्योंकि इसका वास्तविक अर्थ भी हम नहीं जानते हैं। इसे स्वंय ही घटित होना होता है। यह किस तरह होगा, कैसे होगा, आपके लिये कैसा रुप लेगा, इसका अंदेशा हमें पहले से नहीं होता है। किंतु वह आपके लिये अद्वितीय होगा।

तब फिर ब्रम्हविद्या का अभ्यास आपकी कैसे मदद कर सकता है? आपके पूर्वकल्पित विचारों एवं धारणाओं को दूर कर, आपको व्यक्तिगत एवं सामूहिक सोच प्रणाली से मुक्तकर और आपके मानसिक एवं भावनात्मक शरीर को जकड़े हुए विषैले तत्वों को बाहर निष्कासित कर यह आपकी सहायता करता है। इससे आपको एक नई सोच और ज्ञान की प्राप्ति होती है। इस पाठ्यक्रम का अभ्यास करने से आप में एक नई समझ का उदय होता है अर्थात अज्ञानरुपी अंधकार में ज्ञान के प्रकाश का प्रवेश होता है जिससे आप सभी पूर्व भ्रम और भ्रांतियों से मुक्त होते हैं। यह एक नियमबद्ध एवं व्यवस्थित मार्ग तैयार करती है ताकि आप अपने 'जागरण' के पथ पर अग्रसर हो सकें। आप स्वयं एकमात्र खुद के रचयिता हैं इस समझ का उदय होता है। 'आप कौन हैं' इस तथ्य की पुर्नप्राप्ति आपको हो, स्वयं को स्त्रोत में एकाकार कर देने की संभावनाओं की ओर बढ़ते हैं।

जब तक ऐसा नहीं होता है तब तक आप अपने कर्मों के चक्र पर तंद्रा स्थिति में घूमते रहते हैं। बारंबार अनेक रुपों में जन्म लेकर अपनी स्मृति में संचित रुढ़िवादी सोच और धारणाओं के आधार पर प्रश्न एवं प्रतिक्रियाएँ करते हुए आप जीवन व्यतीत करते रहते हैं।

संसार के अनुभव या यूँ कहिये कि किसी भी व्यक्ति को जिस तरह के अनुभव होते हैं वैसे ही अनुभव संसार को भी हो रहे हैं ऐसा उस व्यक्ति को एहसास होता है।

*कर्म के पहिये पर घूमता जीवन*

मेरे जागरण की प्रक्रिया के दौरान मुझे भी ऐसा ही महसूस हुआ। मुझे चक्रों से संबंधित एक विशिष्ट प्रक्रिया से गुजरना पड़ा जिसके कारण धीरे-धीरे एक नई चेतना का उदय हुआ। इससे मेरी सोच और मेरे व्यक्तित्व में बदलाव आया। करीब करीब आठ वर्षों की यह प्रक्रिया मेरे जीवन का अभाज्य अंग बन गई। मेरी चेतना में हुआ यह एक स्थान परिवर्तन था जिसमें कि मेरी सोच और विचार एक दूसरे से पृथक हो गये। किसी भी विचार या परिस्थिति से संबंध स्थापित करना या न करना इस बारे में मेरी चेतना जागृत हुई। इस तरह से आप अपने विचारों के प्रति सतर्क हो जाते हैं और उनमें उलझने के बदले चेतनापूर्वक उन पर नियंत्रण पा सकते हैं। हमारे पूर्वजों एवं ज्ञानियों द्वारा बताई गई पौराणिक कथाओं, उनके प्रतीकों एवं चिन्हों, उनमें छुपे गूढ़ रहस्यों व धारणाओं के बारे में हमारे मन में भिन्न-भिन्न प्रकार के प्रश्न एवं शंकाये उत्पन्न होती हैं। इनके सही अर्थ और मायने जानने का हम प्रयत्न करते हैं।

हमारे पूर्वजों ने इस ज्ञान को प्रदान करने के लिये भिन्न-भिन्न पद्धतियों की रचना की। ऐसा उन्होंने मानवीय चेतना कौन से दौर में किस हद तक विकसित हुई है, इस बात का ध्यान रखते हुए किया। जो लोग अपने इष्टदेव की आराधना एवं पूजा के माध्यम से, मंत्रपाठ उच्चारण द्वारा अपने मस्तिष्क के खाँचों का शुद्धिकरण कर, निराकार सत्य से परिचित होने के लिए तैयार थे,

उन्हें 'अद्वैत' या 'एक स्त्रोत चेतना' का ज्ञान दिया गया। जिनकी चेतना का विकास इससे भी कम हुआ था उन्हें यह ज्ञान कहानियों के माध्यम से दिया गया। मूढ़ बुद्धि वाले व्यक्तियों को यह ज्ञान कड़क नियम एवं भय पर आधारित रीतिरिवाज़ों के रुप में दिया गया ताकि उनकी चेतना को धीरे-धीरे आकार दिया जा सके।

समय आ गया है जब उनकी दूरअंदेशिता फलान्वित हो रही है। व्यक्ति विशेष अब आँख मूँदकर पुरानी मान्यताओं और कहानियों पर विश्वास नहीं करते हैं। बल्कि एक नयी समझ उनमें उत्पन्न हो रही है। स्वयं के 'अहं' और 'मैं' पर आधारित उनकी मानसिक धारणाओं के टूटने की अनुभूति उन्हें हो रही है।

विचारों के ऊपर उठने की इस नई क्षमता से और हमारे भीतर विचारों से परे एक नये आयाम की प्राप्ति हमें होती है। अब हम स्वयं की पहचान हमारी मान्यताओं या धारणाओं और रुढ़िवादी चाल चलन के आधार पर बनाना बंद करते हैं। ''मैं, मैं, मैं'' वास्तविकता में 'मैं कौन हूँ' यह नहीं है, इसकी अनुभूति हमें होती है। तब यह प्रश्न उठता है कि 'मैं कौन हूँ' और इसका उत्तर मिलता है कि ''मैं'' वह चेतना है जो सचेत है और इस बात की साक्षी है कि मन में एक विचार उठा है'' चैतन्य अनुभूति की इस अवस्था में जब कोई विचार, भाव या क्रिया उत्पन्न होती है तो उसको समझ बूझ और सतर्कता से परखा जाता है। इससे प्रतिक्रिया ना कर हम प्रतिसाद देते हैं। क्रोध ना कर उसका समझदारी से समाधान ढूंढ़ते हैं। ऐसी स्थिति में हमारी चेतना 'दृष्टा' की भाँति मूक प्रेक्षक बन जाती है। ऐसा होने पर हमें मन की मुक्ति मिलती है? और प्रत्येक विचार, शब्द और कार्य द्वारा होनेवाले परिणामों के बारे में पूरी तरह से सचेत होकर हम उन्हें करते हैं। ऐसी अवस्था में शाँति और आनंद के सही मायने हमें ज्ञात होते हैं।

चेतना के इस आयाम तक पहुँचने पर वर्तमान परिस्थिति से किस प्रकार का संबंध रखा जाये, यह हम निश्चित कर सकते हैं। एक बार जब हम यह जान लेते हैं कि हमारा वर्तमान कैसा होना चाहिये तो हम उसकी तरफ पहला कदम उठाते हैं और जल्द ही उसके परिणामों का अनुभव कर सकते हैं। इससे जीवन सुखकारी बनता है, लोग अधिक सहायक बन जाते हैं और परिस्थितियाँ अनुरुप हो जाती है। जागरुकता से लिया हुआ एक निर्णय हमारे यथार्थ को बदल देता है।

# शब्दार्थ

**ब्रम्हविद्या** – हमारे स्वत: का ज्ञान (आत्मज्ञान)।

**ब्रम्ह** – परमेश्वर के सर्वोत्तम प्रकार का व्यक्तिभाव रहित परिपूर्ण अनुभव।

**चक्र** – पहिया या चाक, यौगिक साहित्य के अनुसार चेतना के अनेक केंद्र अदृश्य शरीर में होते हैं। सामान्यत: इन्हें कमल के फूल की भाँति दर्शाया जाता है।

**हनुमान** – शक्तिमान और बुद्धिमान वानर देव, राम के मुख्य भक्त।

**ईडा** – शरीर की दो मुख्य नाड़ियों में से एक (चंद्र और बाँयी)। जिसमें से कुंडलिनी शक्ति प्रवाहित होती है।

**कर्म** – पुर्नजन्म के सिद्धांत पर आधारित कल्पना जिसके अनुसार ईश्वरीय न्याय प्रणाली में पाप और पुण्य के भोग भोगने पड़ते हैं।

**कार्मिक** – कर्म और उसके परिणाम पर आधारित।

**कुंडलिनी** – शरीर में मेरुदंड के नीचे सुषुप्त अवस्था में कुंडली मारे हुए विदूयमान स्त्रीरुप दिव्य शक्तिशाली ऊर्जा/शक्ति।

**महातत्व** – मुख्य तत्व।

**महाप्राण** – मुख्य प्राण (जीवन शक्ति)।

**मंत्र** – 'ॐ' से शक्तिशाली बनी हुई और विशिष्ट पद्धति और गूढ़ प्रकार से की गई अक्षरों की रचना। विचार, शक्ति और सूक्ष्म ध्वनियों के एकत्रित परिणाम पर मंत्र विज्ञान की रचना आधारित है।

**नाद** – ध्वनि, बार बार होनेवाली प्रतिध्वनि।

**नाड़ी** – शक्ति का वहन करनेवाली शरीर की प्रवाहिकाएँ। अदृश्य/सूक्ष्म मानव शरीर में 72,000 नाड़ियाँ होती हैं ज़िनमें से 100 नाड़ियाँ मुख्य हैं। इनमें से तीन नाड़ियाँ प्रमुख हैं – पिंगला या सूर्यनाड़ी, जो मेरुदंड के दाँयी तरफ स्थित है, इडा या चंद्रनाड़ी जो बाँयी तरफ स्थित है और सबसे महत्वपूर्ण मध्यनाड़ी – सुषुम्ना जो कि आध्यात्मिक प्रगति दर्शानेवाली संतुलित ऊर्जा प्रवाह की वाहिका है।

**पिंगला** – शरीर की दो मुख्य नाड़ियों में से एक (सूर्यनाड़ी और दाँयी तरफ) जिसमें से कुंडलिनी शक्ति उर्ध्वगामी बहती है।

**प्राण** – जिससे सजीव को साँस आती है वह जीवनशक्ति अथवा ऊर्जा।

**प्राणायाम** – प्राण पर प्रभुत्व स्थापित करने के लिये साँस को नियंत्रित करने की योग प्रणाली।

**प्राणिक** – प्राण संबंधी।

**साधना** – ध्यान धारणा एवं सन्यास वृत्ति और समर्पण की भावना से आध्यात्मिक मार्ग का अभ्यास।

**शिव** – हिंदू धर्म के त्रिदेवों में एक, संहार करने वाले अर्धनारीश्वर।

**शिवमंत्र** – 'ॐ नम: शिवाय' शिवभक्तों द्वारा जपा जानेवाला मुख्य मंत्र।

**सुषुम्ना** – मूलाधार चक्र से सहस्त्रार चक्र तक ऊर्जा प्रवाहित करने वाली नाड़ी।

**तांत्रिक** – तंत्रविदूया की साधना करने वाला।

**तत्व** – मूल पदार्थ अर्थात तत्व।

# अक्सर पूछे जाने वाले प्रश्न

**क्या मैं श्वसन क्रियाओं के अभ्यास का क्रम बदल सकता हूँ ?**

श्वसन क्रियाओं के अभ्यास का क्रम बदला नहीं जा सकता। अगर आप ऐसा करेंगें तो अपनी मानसिक, भावनात्मक एवं शारीरिक स्थितियों में आप परेशानी महसूस करेंगें। इन श्वसन क्रियाओं की रचना इस प्रकार की गई है जिससे एक विशिष्ट रुप से व्यवस्थित तरीके से चक्र जागृत/प्रभावित होते हैं। इस कारण शक्ति का प्रवाह बिना अवरोध के सरलता से हो पाता है। इसलिये कृपया पुस्तक में दिये गये निर्देशों का सावधानी से पालन करें।

**क्या मैं श्वसन क्रिया 7-7 बार करने के बदले केवल 3-4 बार कर सकता हूँ ?**

हाँ, अभ्यासक्रम के प्रारंभ में आप प्रत्येक श्वसन क्रिया को 3-4 बार ही करें। धीरे-धीरे जब आप इनके आदी हो जाएँ, तब इन्हें 7-7 बार करना आवश्यक है।

**क्या मैं 4 श्वसन क्रियाएँ सुबह और 4 श्वसन क्रियाएँ शाम को कर सकता हूँ ?**

हाँ, अगर आप चाहें तो ऐसा कर सकते हैं। किंतु, इससे प्राप्त होनेवाले परिणाम भिन्न होंगे। अगर शक्ति क्रियाशील हो चुकी है या आप शरीर में ऊर्जा का प्रवाह महसूस कर पाते हैं तो मेरी यह सलाह है कि सभी आठ श्वसन क्रियाओं का अभ्यास उनके समर्थन वाक्यों के साथ एक ही समय में करें। अगर आप इन क्रियाओं के अंत में थकान महसूस करते हैं और इसलिये यह सवाल पूछ रहे हैं तो शायद आप हर श्वसन क्रिया को करने में काफी समय लगा रहे हैं। अपनी सहूलियत के अनुसार अपने अभ्यास और प्रत्येक श्वसन क्रिया में लगने वाले समय को निर्धारित करें।

**कभी कभी मैं श्वसन क्रियाओं का अभ्यास दिन में करता हूँ और कभी शाम को, यह ठीक है क्या ?**

श्वसन क्रियाओं का अभ्यास सुबह या शाम, एक निश्चित समय पर करना सर्वोत्तम है । पर अगर यह संभव नहीं है तो आप उसे आप अपनी सुविधानुसार कर सकते हैं ।

**अगर मैं श्वसन क्रियाओं और ध्यान का अभ्यास सप्ताह में 2 से 3 बार करुं अर्थात जब मुझे वक्त मिले, तो यह ठीक है क्या ?**

ध्यान आपके जीवन का एक अविभाज्य अंग होना चाहिये । श्वसन क्रिया और उनके समर्थन वाक्य के इस पाठ्यक्रम में परिवर्तन की प्रक्रिया निहित है । अगर आप इसे यहाँ वहाँ कहीं पर भी और जब आपको समय मिले तब करना चाहते हैं तो मेरी सलाह है कि, आप इसे तब तक आरंभ ना करें जब तक आपको पूर्ण रुप से तसल्ली ना हो जाए कि आप इसे पूरी निष्ठा और लगन से कर सकते हैं । खंडित अभ्यास आपको खंडित परिणाम देगा ।

**श्वसन क्रियाओं के अभ्यास के दौरान मैंने यह पाया है कि, कभी कभी मेरी साँस तेजी से चलती है और कभी धीमे से, इसका क्या कारण है ?**

कृपया साँस का विश्लेषण करते ना बैठें । उसे अपने प्रवाह में बहने दें — चाहे तेज चाहे धीमा । आपका कार्य केवल उस पर गौर करना है । यहाँ वहाँ ध्यान भटकने पर फिर से उसे साँस पर केंद्रित करें । ऊर्जा को अपना कार्य स्वयं करने दें ।

**दाँतों के बीच से 'शऽशऽश' ऐसी आवाज के साथ जोरों से साँस बाहर छोड़ने का क्या उद्देश्य है ? यह क्रिया सभी कोशों को प्राण से भरने के लिए की जाती है क्या ?**

साँस को जोरों से बाहर छोड़ने का उद्देश्य शरीर से सारे विषैले तत्वों को बाहर निकालना है ।

**मैंने हाल ही में श्वसन क्रियाओं का अभ्यास आरंभ किया है। पहली छः क्रियाऐं मैं आसानी से कर पाता हूँ। किंतु सातवीं क्रिया मैं अचूक रुप से करने में असमर्थ हूँ। फिर भी मैं प्रयास कर रहा हूँ। मेरी भौहों के बीच मुझे भारीपन लगता है और थोड़ा दुखाव भी है। क्या यह श्वसन क्रिया में चूक की निशानी है ?**

कृपया आप सातवीं श्वसन क्रिया का अभ्यास अभी ना करें। केवल पहली छः श्वसन क्रियाऐं करें। हालाँकि सातवीं श्वसन क्रिया का समर्थन वाक्य आप कर सकते हैं। जब दुखाव होना बंद हो जाये तो सातवीं श्वसन क्रिया फिर से आरंभ करें किंतु उसे केवल 2 बार करें। 2-3 हफ्तों के पश्चात उसे 4 बार करना आरंभ करें। इस तरह धीरे-धीरे उसकी संख्या बढ़ायें।

यह श्वसन क्रियाएँ अत्यंत सरल दिखती है किंतु इनकी साँस लेने और छोडने की तकनीक बहुत ही महत्वपूर्ण है। इसलिए प्रत्येक श्वसन क्रिया में निर्देशों को बार बार दोहराया गया है।

सूचना – ऊपर दिया गया स्पष्टीकरण किसी भी श्वसन क्रिया को करने से होने वाली अड़चन पर लागू होता है।

**अभ्यास करते वक्त क्या मैं आसन का इस्तेमाल कर सकता हूँ ?**

हाँ, कृपया नंगी जमीन पर खड़े या ध्यान के लिए ना बैठें। ध्यान के दौरान इस्तेमाल किया हुआ आसन केवल उसी उद्देश्य के लिए रखें। ध्यान पूर्ण होने पर उस आसन को अच्छी तरह से तह कर के अलग रख दें। यह आध्यात्मिक दृष्टि से महत्वपूर्ण हैं क्योंकि कुछ काल के पश्चात यह आसन आपके स्पंदनों से भर जायेगी और इससे आपका ध्यान उच्च कोटि तक पहुँचेगा। इसलिए यह सलाह दी जाती है कि आप अपना अभ्यास और ध्यान एक निर्धारित जगह पर और निर्धारित समय पर करें।

**मैं क्रियायोग का अभ्यास करता हूँ किंतु आठ आध्यात्मिक श्वसन क्रियाओं की ओर भी मेरा खिंचाव है। ये दोनो साधनाएँ साथ साथ करने में कोई आपत्ति है क्या ?**

किसी भी प्रकार की आध्यात्मिक साधना का उद्देश्य साधक को उसके परम ध्येय तक पहुँचाना होता है। यह साधक की लगन और अथक प्रयास

पर निर्भर करता है। इसलिए मेरी सलाह यह है कि आप क्रियायोग का अभ्यास जारी रखें क्योंकि दो भिन्न प्रकार की तकनीकों को साथ साथ करने से परेशानी उत्पन्न हो सकती है।

**मैं भस्त्रिका, कपालभाति और अनुलोम विलोम जैसे प्रारंभिक प्राणायाम करता हूँ। क्या मैं इनके साथ साथ आठ आध्यात्मिक श्वसन क्रियाओं का अभ्यास कर सकता हूँ।**

हाँ, आप अपनी साधना में आठ आध्यात्मिक श्वसन क्रियाओं को संलग्न कर सकते हैं। कृपया ध्यान रखें कि आठ आध्यात्मिक श्वसन क्रियाओं का अभ्यास पुस्तक में दिये गये क्रमानुसार ही करना है क्योंकि वे एक दूसरे से कड़ियों की भाँति विशिष्ट प्रकार से जुड़ती हैं।

इसका अर्थ यह कदापि नहीं है कि आप दो श्वसन क्रिया करें, फिर कपालभाति करें, फिर पुन: बची हुई श्वसन क्रिया करें। सबसे उत्तम पद्धति है कि पहले प्राणायाम का अभ्यास पूरा करें। उसके बाद 10-15 मिनट विश्राँति लें फिर आठ श्वसन क्रियाओं का अभ्यास आरंभ करें।

**अगर मैं समर्थन वाक्यों को याद रखने में स्वयं को असमर्थ पाता हूँ तो क्या करना चाहिए ?**

कोई बात नहीं। केवल साँस के बहाव पर ध्यान दें। अगर आपको समर्थन वाक्य याद नहीं रहते हैं तो उन्हे अपनी आवाज में रिकार्ड करें और सुनें।

**समर्थन वाक्यों का उच्चारण किस प्रकार करना चाहिये ? क्या मैं उनका उच्चारण मन ही मन में करूँ या फिर उन्हें याद कर जोरों से उनका उच्चारण करना बेहतर है ?**

आप अपनी सहूलियत के अनुसार समर्थन वाक्यों का उच्चारण कर सकते हैं। किंतु उन्हें पूरी भावना के साथ दोहराना आवश्यक है। उदाहरणार्थ, जब आप कहें कि ''मैं पूर्ण हूँ'', तो अपने हाथों से एक पूर्ण वृत्त बनाते हुए पूरी भावना के साथ यह कहें। इसी तरह किसी भी अन्य समर्थन वाक्य जैसे कि ''मैं शक्तिशाली हूँ'' का भी उच्चारण करना चाहिये। समर्थन वाक्यों का उच्चारण पूरे जोश, भावना एवं समझ के साथ करना चाहिये।

बुढ़ापे को अपनी ओर आते हुए मैं दर्पण में देख सकता हूँ। मैं जानता हूँ कि मृत्यु होती है। फिर भी एक समर्थन वाक्य में मैं कहता हूँ कि, "रोग, क्षय, बुढ़ापा, मृत्यु – इनका अस्तित्व नहीं है।" क्या इसका अर्थ यह हुआ कि मैं सत्य को नकार रहा हूँ ?

सबसे पहले समर्थन वाक्य में कहा गया है कि "विश्व की पहेली मेरे बारे में है और अब मैं उसे सुलझा रहा हूँ।" इस पहेली का जवाब इन समर्थन वाक्यों में ही छुपा हुआ है और अगर हम शुरुआत से अंत तक इनका उच्चारण इन्हें समझकर, पूरे भावपूर्ण तरीके से सज़ग होकर करेंगें तो वे जवाब हमें जरूर प्राप्त होंगें। यह समझ हमें अवश्य प्राप्त होगी, क्योंकि 'आप स्वयं के बारे में पहेली सुलझा रहे हैं।

पहले समर्थन वाक्य से यह गुत्थी सुलझना आरंभ हो जायेगी किंतु पुरी समझ तभी आयेगी जब आप यह अभ्यासक्रम पूर्ण कर उसके उपरांत भी श्वसन क्रियाओं का अभ्यास जारी रखेंगें। यह क्रमिक विकास में आपके द्वारा हासिल किये गये मुकाम पर भी निर्भर करता है।

यदि आप संतोष सचदेवा के बारे में अधिक जानकारी प्राप्त करना
चाहते हैं तो www.santoshschdeva.com पर संपर्क करें।

लेखिका का ई-मेल संपर्क:
mails@santoshsachdeva.com पर संपर्क करें।

अधिक जानकारी के लिए संपर्क:
**योगी इम्प्रेशनस् बुक प्रा. लि.**
1711, सेंटर – 1, वर्ल्ड ट्रेड सेंटर,
कफ परेड, मुंबई – 400 005. भारत

हमारे वेबसाईट पर मेलींग लिस्ट
फॉर्म भरें ई-मेल द्वारा पुस्तक,
लेखक, आदि की जानकारी पायें।
संपर्क: www.yogiimpressions.com

दूरध्वनी: (022) 61541500, 61514541
ई-मेल: yogi@yogiimpressions.com

फेसबुक पर संपर्क करें।
www.facebook.com / yogiimpressions

# योगी इंप्रेशन्स द्वारा प्रकाशित संतोष सचदेव की पुस्तकें

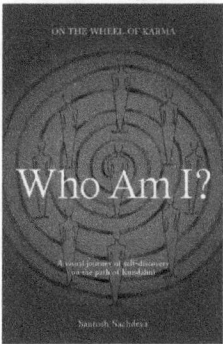

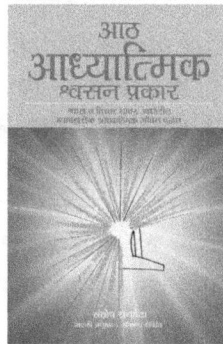

## दि कुंडलिनी ट्रिलॉजी

''काँशस फ्लाईट इन टू दि एंपिरियन'', ''कुंडलिनी डायरी'' व ''कुंडलिनी अवेकनिंग'' इन तीन पुस्तकों का एकत्रित किया हुआ यह संस्करण है। कुंडलिनी से संदर्भित इन तीन पुस्तकों मे लेखिका ने दैनिक ध्यान की प्रक्रिया के दौरान अदृश्य लोक के अद्भुत प्रवास का सचित्र अनुभव एक दैनिका के रुप में पाठकों की समझ में आनेवाले सरल शब्दों में किया है।

## कुंडलिनी मेडिटेशन (प्रश्नावली खंड 1 व 2)

कुंडलिनी ध्यान की आध्यात्मिक साधना करते हुए होने वाले कई अनुभव और उठनेवाली शंकाओं के समाधान के लिये ये दोनों पुस्तकें अत्यंत उपयोगी है। इसमें पूछे गये प्रश्न और उनके उत्तर दैनिक जीवन की सत्य घटनाओं पर आधारित हैं। इस पुस्तक में ऐसा कोई अनुभव या सवाल हो सकता है जो आपके अनुभव या सवाल से मिलता जुलता हो। संभावना है कि आपको अपने प्रश्नों का ऐसा उत्तर मिलेगा जिससे आध्यात्मिक साधना में और भी प्रगति होगी।

संतोष सचदेवा ने अपने ज्ञान और अनुभव के आधार पर आपका मार्गदर्शन किया है। शक्तिशाली व महाशक्ति कुंडलिनी की आराधना करने से आपके अंदर होनेवाले परिवर्तन की विशिष्ट पद्धति का रहस्य आपके सामने खोला है।

---

## दि कुंडलिनी प्रिंटस

इन चित्रों का चयन संतोष सचदेवा ने स्वयं अपनी 'दि कुंडलिनी ट्रिलोजी' की इन पुस्तकों में से किया है। इनमें कुंडलिनी जागरण की प्रक्रिया के कुछ महत्वपूर्ण मुकाम दर्शाये गये हैं। ये चित्र www.yogiimpressions.com पर उपलब्ध है।

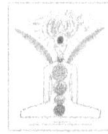

9